JN132804

地方創生と自治体

日本地方自治学会編

敬文堂

〈目次〉

Ⅰ　地方創生と自治体

1 「地方創生」と農村
──農村地域の課題と展望──

坂本　誠
（NPO法人ローカル・グランドデザイン理事）
（公益財団法人地方自治総合研究所客員研究員）

本稿の構成について

いわゆる「増田レポート」を契機として、人口減少がわが国の将来を左右する喫緊の課題であるとの問題意識が広がり、それを受けて政府は二〇一四年より「地方創生」政策を推進している。人口減少は都市も含めて日本全国で進みつつあるが、やはり顕著なのは農村地域においてであり、当該地域では地域経済や地域社会の疲弊が深刻化し、一部においてはその持続可能性が問われる事態にまで至っている。

以上の背景をふまえ、本稿は農村地域に着目して、経済的・社会的観点からその再生のための課題と展望を探りたい。

本稿は次のように構成される。まず、人口減少対策として目下、政府が強力に推進する「地方創生」政策（以下「地方創生」と表記する）についてその性格と問題点を検証する【第一章】。次いで、農村地域における人口減少とそれに伴う地域社会の疲弊を取り上げ、その構造的な要因【第二章】と対応策

【第三章】を検討する。

なお、本稿は二〇一五年度日本地方自治学会【共通論題一】における報告内容をベースに、二〇一六年六月段階の状況にもとづきながら、新たな観点もふまえて大幅に加筆したものである。

一　「地方創生」の性格とその問題点

1　「地方創生」の特徴―「ふるさと創生」との比較から

「地方創生」の概要、特にその根拠法である「まち・ひと・しごと創生法」ならびにその財政的裏付けについては既に其田による解説等[1]があるので本稿では詳述は省き、「地方創生」の特徴について竹下内閣における通称「ふるさと創生」事業（正式名称「自ら考え自ら行う地域づくり事業」）と比較しながら検討したい。

なお、「ふるさと創生」事業の概略に触れておくと、同事業は「国が考え、地方が実施する」ではなく「地方が知恵を出し、中央が支援する」との発想にもとづいて市町村が自主的・主体的に実施する地域振興策を支援するため、全国の市町村に対し二カ年に分けて一律一億円を交付税措置したものである。

（一）　計画・実行主体

「ふるさと創生」は市町村が実行主体[2]、「地方創生」は国―都道府県―市町村それぞれが計画・実行主体である。なお、「ふるさと創生」当時と現在とでは、「平成の合併」を挟んで市町村の構成が大幅に改編されていることに注意を払う必要がある。

（二）　計画の策定と進行管理

「ふるさと創生」は措置された財源の活用に際して計画の策定は求めていない。そもそも期限内に財源を用いる必要もなく、基金として積み立てた市町村も多かった。また、政府による財源の用途やその事業効果に関する検証は行われていない。

「地方創生」は、国・都道府県・市町村それぞれが「人口の現状および将来の見通し」をふまえて「地方創生」のための総合戦略を策定するよう求めている（国は義務、都道府県・市町村は努力義務）。総合戦略策定に必要な経費として平成二六年度補正にて一都道府県あたり二千万円、一市町村あたり一千万円が交付されており、平成二七年度中の策定が促された。また、総合戦略には政策分野ごとに数値目標、施策ごとにＫＰＩ（重要業績評価指標）を定めたうえで、「ＰＤＣＡサイクル」を実践するよう求められている。

（三）　財政措置

「ふるさと創生」では全市町村に一律一億円の交付税措置がされた（全市町村で約三千億円）。交付税措置であるからその用途に国は関与していない。

「地方創生」では、平成二六年度補正予算に地方創生先行型交付金の「上乗せ交付分」[3]として三百億円（10／10）、同二七年度補正予算に「加速化交付金」として一千億円（10／10）、二八年度予算には「地方創生の深化のための新型交付金」として一千億円（1／2だが、地方負担分にも地方財政措置が講じられる予定）が計上された。その配分は、自治体の提出した申請について総合戦略の策定および推進体制、事業分野や期待される効果等の視点にもとづいて国が評価したうえで決定される。

2 「地方創生」の問題点

(一) 強力な中央集権性

「地方創生」が計画にもとづく進行管理を追求し、交付金の配分を国が全面的にコントロールしているのは、「ふるさと創生」が無計画に箱物やモニュメント等の建設・制作に財源を投じる自治体が続出したとして批判され(4)、「バラマキ」政策の象徴かのごとく揶揄された経緯があるからだろう。さらに、石破地方創生担当大臣が折にふれてその必要性を主張する自治体間競争の観点から(5)、交付金の獲得にも競争原理を導入しようとの意図があるものと考えられる。

しかしそこから生じているのは、「地方創生」の強力な中央集権性である。

第一に「地方創生」の根拠法である「まち・ひと・しごと創生法」では明らかなトップダウン的な計画体系が築かれている。まず国が閣議決定により「国総合戦略」を定め(第8条)、それを「勘案」して都道府県が「都道府県総合戦略」を策定(第9条)、さらに市町村は国と都道府県の総合戦略を「勘案」して「市町村総合戦略」を策定(第10条)することとなっている。

第二に財源配分においても強力な中央集権体制が敷かれている。各自治体が提出した「総合戦略」をふまえて交付金の配分額を決定するのは国であり、結果として「総合戦略」の策定過程で生じているのは、従来の取り組みを国の鋳型にはめていく作業である。都道府県も含めて多くの自治体が「国総合戦略」の柱立てを踏襲して総合戦略を組み立てている(6)。

第三に、各自治体の政策内容がバラエティに富んでいるかといえば然程ではなく、結果として多くが国の推進する施策(CCRC・DMO・地域商社・小さな拠点等)に収斂している。

その背景には、皮肉にも競争がかえって中央集権性を高めてしまう構図がある。

競争が成立するためには競争条件（ルールと勝敗基準）が必要だが、その設定は主催者の専権事項である。たとえば「地方創生」においては、競争の主催者である国が交付金の配分基準（競争条件）を設定する。となれば、プレイヤーである自治体が合理的な「戦略」をとろうとすれば、国の用意した競争条件に沿った「回答」を提出せざるをえない。

よって、「（地方創生は）地域の個性を磨き合う競争だ」として分権を装っても、現実には競争条件が設定された瞬間に主催者である国をトップとする強力な上下関係―すなわち中央集権体制が生じ、国の用意した競争条件に寄り添う形で各自治体の個性は捨象されていくのである。

第四に、総合戦略策定の過程で県から市町村に対する指導監督が目立った点である。筆者が見聞きした範囲でも、策定状況に関する事情聴取を逐一行っている例や、チェックシートを用意して県の既存計画と「市町村総合戦略」の整合を確認し、整合しない場合は追記修正するよう「指導」する例、市町村に対して「上乗せ交付分」獲得のため二〇一五年一〇月末までの策定を強力に働き掛けた例がある(7)。地方分権改革の成果として都道府県と市町村は対等・協力の関係になったはずだが、それとは逆行した動きが生じている。

第五に、「地方創生」が自治体に計画策定という新たな事務を要求している点についても問題提起しておきたい。「地方創生」は自治体に対して、「総合戦略」のほか人口の現状と将来目標を書き込んだ「人口ビジョン」、「新型交付金」の申請に際しては「地域再生計画」の策定を求めている。計画にもとづく政策推進が望ましいのはたしかだが、その様式や期限を定めて自治体に半ば義務づけるのは、計画行政に名を借りた新たな義務付け・枠付けと指摘せざるをえない(8)。

表1　20～39歳女性人口の減少率上位20市町村（2000年時点の市町村単位）

都道府県	市町村	「平成の合併」への対応	20～39歳女性人口 2000年（人）	2010年（人）	増減率（%）
富山県	利賀村	合併して南砺市	91	23	▲ 74.7
長野県	上村	合併して飯田市	75	21	▲ 72.0
岐阜県	高根村	合併して高山市	72	21	▲ 70.8
愛媛県	別子山村	合併して新居浜市	17	5	▲ 70.6
徳島県	一宇村	合併してつるぎ町	94	29	▲ 69.1
奈良県	大塔村	合併して五條市	75	24	▲ 68.0
長崎県	高島町	合併して長崎市	59	19	▲ 67.8
高知県	本川村	合併していの町	48	16	▲ 66.7
愛媛県	河辺村	合併して大洲市	63	22	▲ 65.1
愛媛県	関前村	合併して今治市	37	13	▲ 64.9
和歌山県	花園村	合併してかつらぎ町	44	16	▲ 63.6
静岡県	水窪町	合併して浜松市	208	76	▲ 63.5
長崎県	宇久町	合併して佐世保市	266	99	▲ 62.8
青森県	脇野沢村	合併してむつ市	230	87	▲ 62.2
石川県	尾口村	合併して白山市	58	22	▲ 62.1
愛媛県	面河村	合併して久万高原町	58	22	▲ 62.1
岐阜県	板取村	合併して関市	150	58	▲ 61.3
岐阜県	坂内村	合併して揖斐川町	41	16	▲ 61.0
兵庫県	家島町	合併して姫路市	1,122	441	▲ 60.7
愛媛県	日吉村	合併して鬼北町	139	55	▲ 60.4

（出所）国勢調査（各年）より算出

（二）人口減少問題／対策の地方問題化

二つめの問題点は、人口減少を地方問題として封じ込め、地方の責任で解決させようとしている点である。

日本創成会議が発表した所謂「消滅可能性都市リスト」によれば、あたかも地方から都市に五割も六割も若年女性が流出しているように見えるが、それは正確な見方ではない。二〇一〇年時点の三〇代女性が約八九六万人なのに対し二〇四〇年時点で三〇代を迎えている見込みの（二〇一〇年時点の）〇～九歳女性は約五三一万人（二〇一〇年国勢調査）であり、日本全国の若年女性の総数が四割減少することは既にほぼ確定している(9)。すなわち、若年女性が五、六割減少しているといってもうち四割分は全国的な少子化による影響であり、各自治体の努力ではいかんともしがたい部分である。都市への人口流出による減少分は残りの一、二割に過ぎない。

にもかかわらず、「地方創生」は人口というモノサシを前面に押し出して自治体間の競争を煽り立てている。結果として多くの自治体が移住・定住促進策を講じるなどして人口確保策を競い合っているが、その行き着くところは、縮小するパイ（人口）を奪い合い、少数の「勝ち組」と多数の「負け組」を発生させる不幸な自治体間競争（マイナス・サムゲーム）ではないか。

（三）　見落とされた旧町村部

最後に、見落としてならないのは、平成の合併によって生じた旧町村部の取り扱いである。「消滅可能性都市リスト」はあくまでも現行の自治体単位の将来推計であり、合併した旧町村部ではより深刻な人口減少が生じている。**（表1）**は二〇〇〇年から一〇年にかけての二〇～三九歳女性人口減少率を「平成合併前の市町村単位」で集計し、上位二〇市町村を一覧したものだが、減少率上位に並ぶのはすべて「平成の合併」を通じて「新市町村」の一部となった旧町村部である。当該地域では、三〇年後の将来推計ではなく直近一〇年間の「現実」として若年女性が六割以上減少している。まさしく人口減少問題への対応が求められている地域と言ってよいだろう。

ところが、こうした旧町村部への対応は「地方創生」から抜け落ちている。「地方創生」の実行主体は現行の市町村であり、旧町村部は単独では「総合戦略」は提出できないし、交付金の交付対象にもならず、その取り扱いは「新市町村」の判断に委ねられている。そして現実問題として旧町村部対策を「総合戦略」に十分に書き込んだ市町村はほとんど見当たらないのが実状である[10]。

二　問題の所在：農村疲弊の背景――いま農村で何がおこっているのか

1　二〇〇〇年代に加速した東京への一極集中

二〇〇〇年代は農村地域における人口減少がそれ以前の年代にも増して加速した時期だった。

表2　20代→30代コーホート変化率の推移（ブロック別）

	60→70年 20代→30代	70→80年 20代→30代	80→90年 20代→30代	90→00年 20代→30代	00→10年 20代→30代
北海道	▲8.6	▲0.2	▲3.7	▲0.4	▲3.5
東北	▲7.0	6.0	1.8	6.1	▲3.2
関東（東京都除く）	34.1	19.2	11.3	2.8	1.7
東京都	▲19.3	▲29.8	▲22.8	▲13.7	5.5
中部	0.2	1.9	3.2	4.2	2.2
近畿	5.6	▲4.2	▲3.8	▲3.4	▲4.6
中国	▲1.2	7.0	3.5	3.6	0.1
四国	▲4.8	9.5	4.4	6.5	0.6
九州	▲10.8	7.5	1.0	3.1	▲1.7
沖縄	−	20.2	8.9	9.7	7.8

（出所）国勢調査（各年）より算出

注）90年代まで一貫して東京都がマイナスだった背景には、地価高騰を避けて近隣県に開発された住宅地にファミリー層が転出したことも指摘される（よって東京都を除く関東が大幅なプラス）。ただし、この動きは以降の地価下落を受けて沈静化した。

若年層（二〇～三〇代）のブロック間の人口動態の長期推移を示した[11]（**表2**）を見ると、高度経済成長の只中にある六〇年代は農村地域を多く抱える地方圏から都市圏への流出が著しいものの、七〇年代以降は若年層の地方圏への還流が確認できる。一〇代から二〇代にかけては雇用や高等教育機関の選択肢の少ない地方圏から選択肢の豊富な都市圏への大規模な他出が発生するが、こうして他出した層も三〇代に差し掛かると地方圏へのUターンを検討する傾向にある。表からは、七〇～九〇年代にかけて地方圏は若年層のUターンを一定程度吸収できていたことが観察される。

　ところが二〇〇〇年代に入るとその流れは逆転する。東京都が流入（プラス）[12]に転じる一方、他のすべてのブロックは流入を減らすか流出（マイナス）に転じている。

　いったい二〇〇〇年代に農村地域を中心とした地方圏において何が起こったのか。本章では、その背景を「農村政策の限界」「地域マネジメント体制の空洞化」という二つの観点から解説する。

2　背景1　農村政策の限界

まず指摘しなければならないのは、それまでの農村政策の枠組みがこの時期に限界を迎えたことである。

（一）　農村政策の農業政策からの派生とその系譜

農村政策が農業政策から派生して独立した政策課題として登場したのは一九七〇年頃とされる[13]。近代日本の農業政策は人口急増に対応するための食糧増産の歴史といってもよい。江戸時代に三千万人程度を維持していた人口が明治に入って急増を始めると、それに対応して食糧増産が求められた。（図1）に水稲の作付面積・収穫量・反収の長期推移を概観した。大正から昭和初期にかけては耕地面積の拡大による食糧増産が図られたが、都市化による都市的土地利用の拡大も相俟って新田開発の余地が小さくなると、品種や農法の改良による土地生産性の向上を通じた食糧増産を目指すようになり、この方針は戦時中の混乱を経て戦後も続いた[14]。

ところが六〇年代に入ると、機械化の推進等による労働生産性の向上を図るようになる。当時問題化していた農工（都市―農村）間の所得格差の縮小のために農業政策の主眼は一人あたり農業所得の増加に置かれるようになり、そのためには労働生産性の向上が求められたのである。

ただしこの時点では、農村政策は農業政策と区別された政策分野としては確立していなかった。たとえば一九六一年に制定された農業基本法において農村に触れた部分は「農村における交通、衛生、文化等の環境の整備、生活改善、婦人等の合理化等により農業従事者の福祉向上を図ること」の一文のみである。吉田[15]はその背景として、当時は農家が集落全体の約七〇％を占めるなど農村人口の大部分が農家であり、さらに農家所得の半分が農業所得だったことを指摘する。

ところが一九七〇年代に入ると状況は一変する。米生産量が消費量を上回り、減産が要求されるよう

図1　水稲の作付面積・収穫量・反収の長期推移

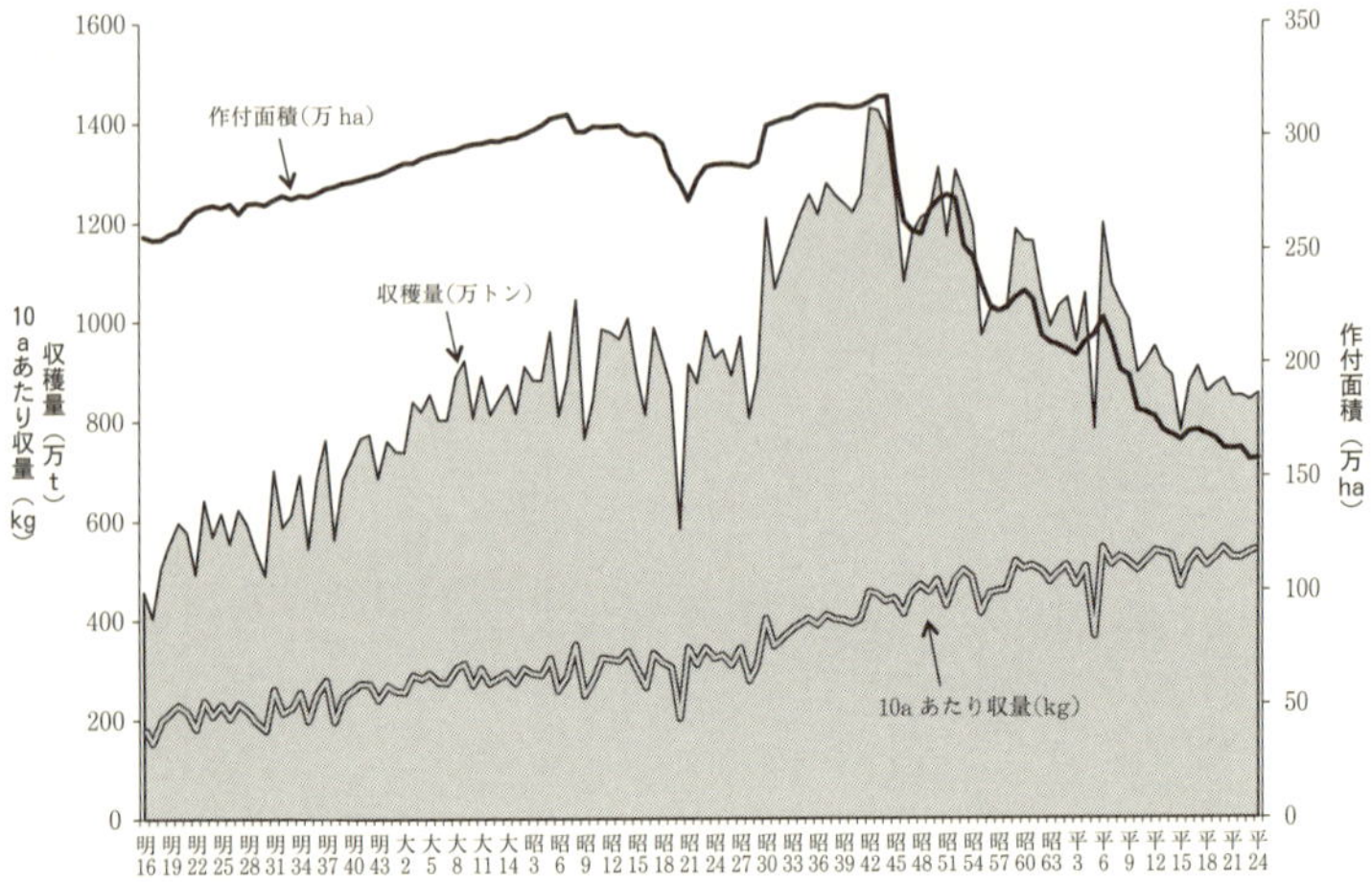

（出所）農林水産省「作物統計」

図2　稲作労働時間の推移

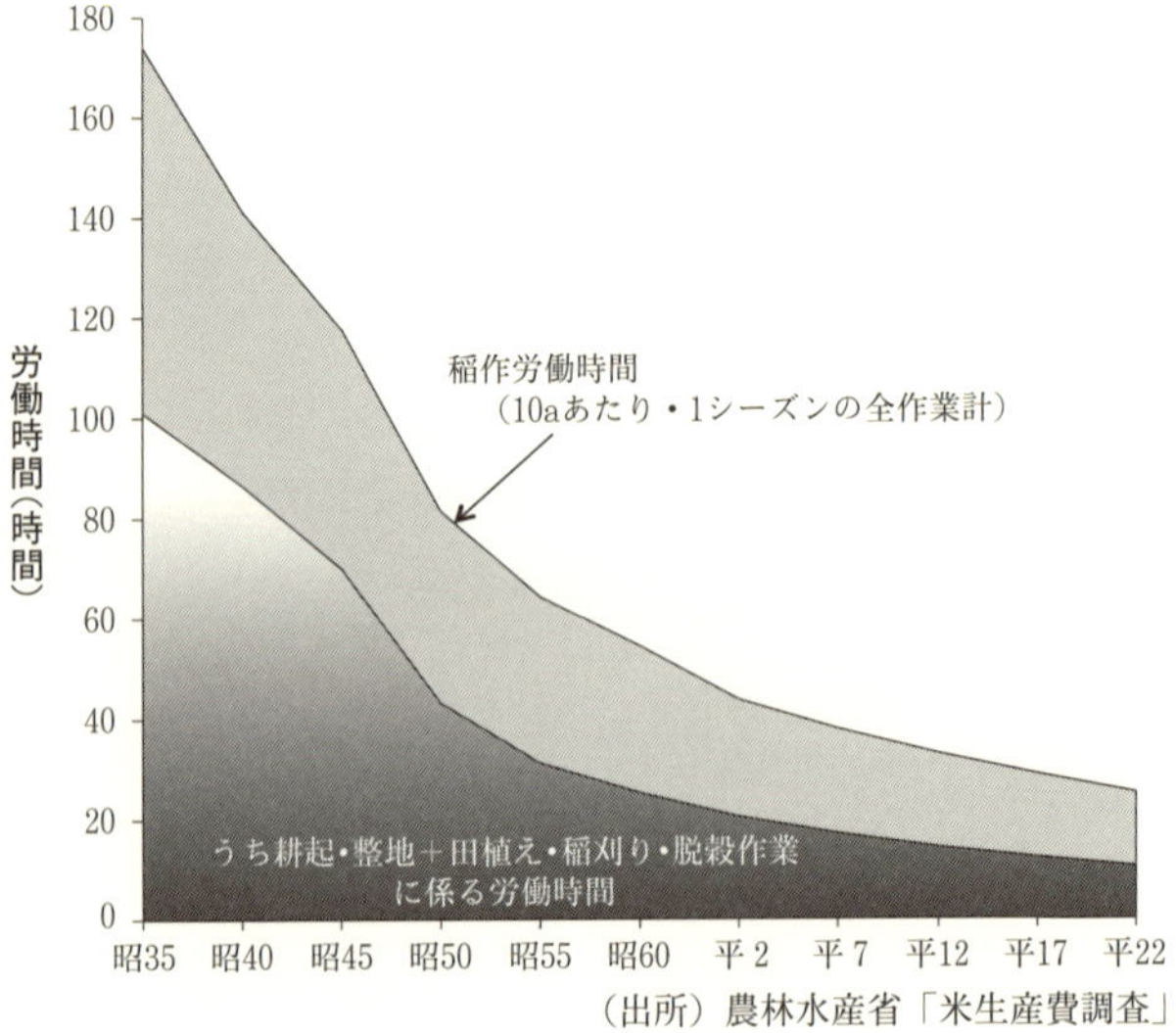

（出所）農林水産省「米生産費調査」

になったのである。

ここで農業政策は大きな矛盾にぶつかった。生産量が限られるなかで一人あたり農業所得を増やすために労働生産性を上げれば、農業による支持人口は減少する。かといって農工間の所得格差の縮小は至上命題であるし、現実に機械化等による労働生産性の向上はむしろ加速しつつあった（図2）。その結果生じたのは過剰労働力（人口）問題であり、その対応のために農業政策とは別途に農村政策が必要とされたのである。

農村政策は余剰労働力の吸収策として、農村工業化（農村への工場誘致）、公共事業（雇用の受け皿としてだけでなく、農村生活の向上や工場誘致など産業振興のための基盤整備にも寄与）を推進し、それでも吸収できない分は当時大量の労働力を必要としていた都市側で吸収した。そして、こうした政策に伴って農家の兼業化や混住化（農村内の非農家割合の増加）が進むにつれて、農村政策の必要性はさらに高まることとなった。

（二）　財政的限界を迎えた農村政策（一九九〇年代）

上述のような農村政策を進めるためには税源の豊富な都市から農村への大規模な財政移転が前提となる。しかも、労働生産性の向上や食糧減産などにより農業による人口支持力が低下すればするほど財政需要が拡大するというジレンマを抱えていた。

とはいえ、八〇年代までは経済成長や景気拡大による税収増が農村政策を支えた。九〇年代に入ると、税収減を国債発行増により補いながら景気対策やウルグアイ・ラウンド対策として多額の公共事業費が農村部に注ぎ込まれた。しかし、財政問題が顕在化し、その対応として行財政改革が進められた九〇年代末以降、公共事業費は一気に絞り込まれた。（図3）からは、こうした財政出動の変化が農外所

図3　農家の所得構成と公共事業費の推移

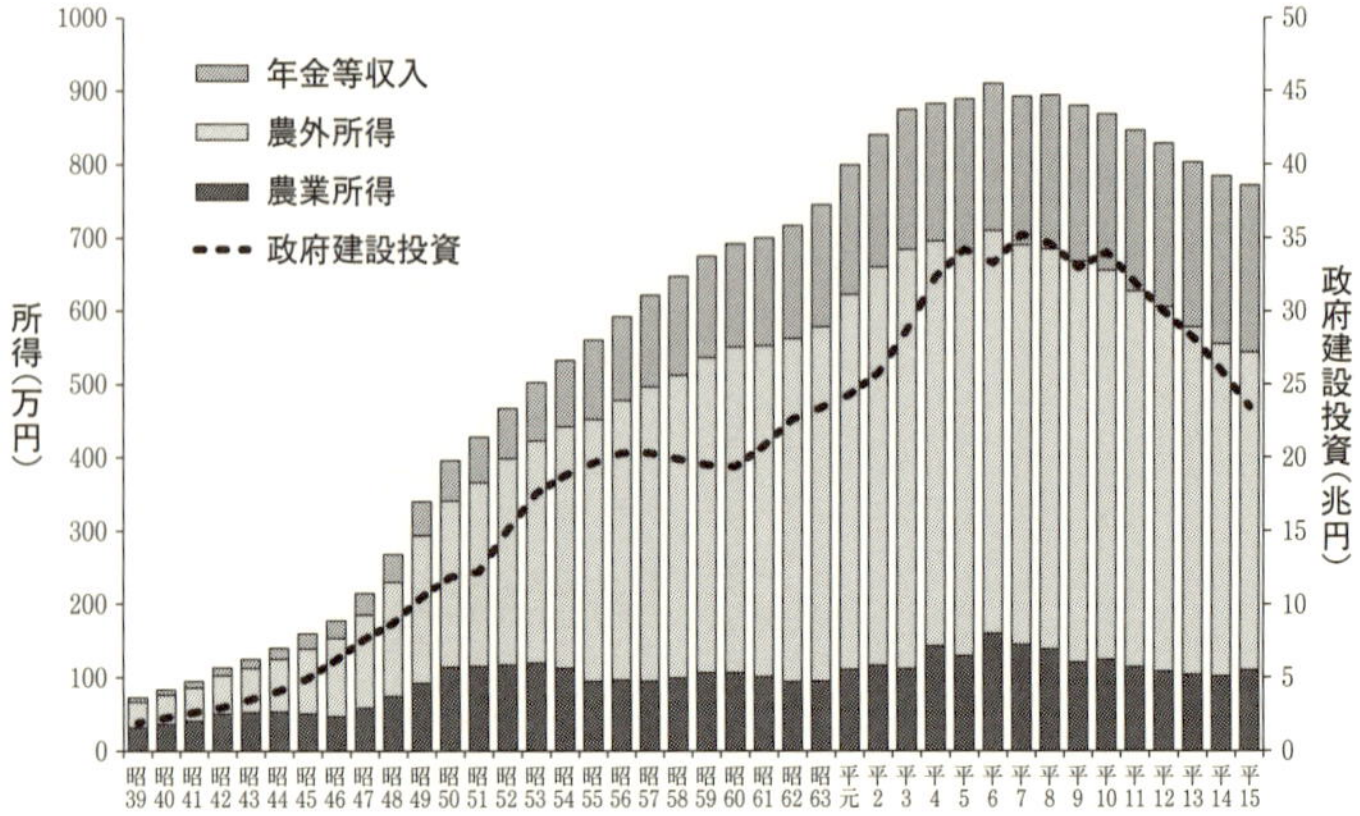

（出所）農林水産省「農業経営動向統計」・国土交通省「建設投資見通し」

得にダイレクトに影響を与えている事実が確認できると同時に、財政出動による雇用創出に傾斜してきた農村政策の限界を見てとることができる(16)。

（三）「選択と集中」の中で切り捨てられていく農村（二〇〇〇年代）

二〇〇〇年代に入ると「構造改革」「選択と集中」の名の下に公共事業費はさらに圧縮され、自治体にも合併をはじめとした行財政改革が迫られた。製造業についても、低廉な労働力を求めて農村地域に進出した工場が、さらに人件費の安い海外に流出した(17)。

その結果として農村地域における雇用情勢は急激に悪化した。（表3）は、人口五千人未満過疎指定市町村（二〇〇〇年時点）における二〇〇〇年代の産業分類別就業者数の増減を計算したものである。減少数の上位を見ると、建設業・農業・製造業が群を抜いており、いずれも三〇%前後かそれ以上の減少率となっている。農業人口の減少は高齢化による引退が多数を占めると思われるが、建設業は公共事業の縮減、製造業は海外への流出等による影響が大きいと考えられる。

表3　産業分類別就業者数の推移
（2000年時点の人口5000人未満・過疎指定市町村：平成の合併への対応別）

	人口5000人未満＋過疎指定市町村（2000年時点）：全体					人口5000人未満＋過疎指定市町村 平成の合併への対応⇒合併					人口5000人未満＋過疎指定市町村 平成の合併への対応⇒合併せず				
	2000年（人）	2010年（人）	増減数（人）	構成比（%）	増減率（%）	2000年（人）	2010年（人）	増減数（人）	構成比（%）	増減率（%）	2000年（人）	2010年（人）	増減数（人）	構成比（%）	増減率（%）
総数	891,075	685,018	▲206,057	100.0	▲23.1	654,151	497,216	▲156,935	100.0	▲24.0	236,924	187,802	▲49,122	100.0	▲20.7
農業	171,681	126,807	▲44,874	21.8	▲26.1	126,676	91,723	▲34,953	22.3	▲27.6	45,005	35,084	▲9,921	20.2	▲22.0
林業	14,144	12,571	▲1,573	0.8	▲11.1	9,079	8,242	▲837	0.5	▲9.2	5,065	4,329	▲736	1.5	▲14.5
漁業	29,606	20,736	▲8,870	4.3	▲30.0	20,445	13,515	▲6,930	4.4	▲33.9	9,161	7,221	▲1,940	3.9	▲21.2
鉱業	3,365	1,270	▲2,095	1.0	▲62.3	2,399	959	▲1,440	0.9	▲60.0	966	311	▲655	1.3	▲67.8
建設業	131,042	70,715	▲60,327	29.3	▲46.0	94,429	50,214	▲44,215	28.2	▲46.8	36,613	20,501	▲16,112	32.8	▲44.0
製造業	126,943	87,017	▲39,926	19.4	▲31.5	100,555	68,659	▲31,896	20.3	▲31.7	26,388	18,358	▲8,030	16.3	▲30.4
電気・ガス・水道業	3,731	2,470	▲1,261	0.6	▲33.8	2,452	1,742	▲710	0.5	▲29.0	1,279	728	▲551	1.1	▲43.1
運輸・通信業	36,097	27,651	▲8,446	4.1	▲23.4	26,917	20,665	▲6,252	4.0	▲23.2	9,180	6,986	▲2,194	4.5	▲23.9
金融・保険業	7,217	5,792	▲1,425	0.7	▲19.7	5,419	4,381	▲1,038	0.7	▲19.2	1,798	1,411	▲387	0.8	▲21.5
サービス業＋不動産業	318,086	294,426	▲23,660	11.5	▲7.4	230,732	213,871	▲16,861	10.7	▲7.3	87,354	80,555	▲6,799	13.8	▲7.8
公務	49,163	35,563	▲13,600	6.6	▲27.7	35,048	23,245	▲11,803	7.5	▲33.7	14,115	12,318	▲1,797	3.7	▲12.7

（出所）国勢調査（各年）より算出

注）「分類不能の産業」は計算から除外した。

表4　旧市町村単位の公務就業者数の増減
（長崎県佐世保市・長野県飯田市：2000～2010年）

	旧市町村名	実数（人） 2000年	実数（人） 2010年	増減率（%）	佐世保市への編入日
（佐世保市）	佐世保市	9,389	9,715	3.5	－
	吉井町	113	74	▲34.5	2005.4.1
	世知原町	85	52	▲38.8	2005.4.1
	小佐々町	118	64	▲45.8	2006.3.31
	宇久町	97	44	▲54.6	2006.3.31
	江迎町	158	117	▲25.9	2010.3.31
	鹿町町	92	73	▲20.7	2010.3.31
	旧市町村名	実数（人） 2000年	実数（人） 2010年	増減率（%）	飯田市への編入日
（飯田市）	飯田市	1,321	1,225	▲7.3	－
	上村	41	22	▲46.3	2005.10.1
	南信濃村	50	26	▲48.0	2005.10.1

（出所）国勢調査（各年）より集計

注）佐世保市（合併前の単位）の公務就業者数には海上自衛隊佐世保地方隊に配属されている隊員等も含まれる点、考慮する必要がある。

そして見逃せないのが、公務関係の雇用減である。[18]「平成の合併」を行わなかった自治体でも行財政改革に伴い減少してはいるが、減少幅は合併自治体においてより顕著である。

公務関係の雇用減は合併後の中心地域よりも周辺地域において著しい。長崎県佐世保市は二〇〇五年から一〇年にかけて周辺六町を編入、長野県飯田市も二〇〇五年に周辺二村を編入したが、いずれも編入した旧町村部において公務就業者数の減少が際立っている（表4）。これら自治体では、役場の支所化に伴う雇用減だけでなく、旧町村役場の職員が合併を機に本庁所在地の周辺に転居する傾向がヒアリングを通じて確認されている。

3　背景2　地域マネジメント体制の空洞化

神野[19]の整理によれば、社会全体は「政治」・「経済」・「社会」の三つのシステムから構成されており、各システムが相互に連携しながら地域社会を自律的にマネジメントしている。

市町村は地域社会における「政治システム」を担う主体として地域内の社会的統合を図る存在であると同時に、地域外（国や都道府県等）と掛け合いながら行財政に必要な資源（財源、情報、技術等）を獲得し、地域内に投入していく役割を担ってきた。しかし、市町村合併は旧町村部から「政治システム」の主体を奪い去った[20][21]。

時を同じくして、地域社会において「経済システム」を統括する役割を主として担ってきたJAなど協同組合も地域社会から縮小撤退を重ねた。総合農協は一九九〇年には三千五百を超え、およそ一市町村に一つ以上の総合農協があったが、この頃から事業基盤の強化を目的として統合再編が推進され、現在の総合農協数は七〇〇を下回り、今後も統合再編が進められる予定である。同様に森林組合も統合が進んだ。

こうした統合再編の影響は特に農村において顕著である。統合再編後の本庁や本所は都市部に置かれることが多いため、農村において市町村や協同組合の再編は「政治・経済システム」の中枢部が地域から退出することを意味する。また、市町村および協同組合の再編によって両者の範域にズレを生じたため相互の連携が難しくなっているとの声も聞かれる。[22] かくして農村における「政治・経済システム」の空洞化が進行している。

都市部に比べて自前の財政力や資本力が乏しく、「政治・経済システム」の渉外力に強く依存している農村では、その空洞化の及ぼす影響は大きい。

さらには、「社会」システムを支えてきた集落（コミュニティ）が人口減・高齢化に伴って脆弱化している。

脆弱化を象徴的に示すのが、住民相互の意思疎通・情報共有を図り、時に地域課題が発生した場合にはその対応について協議を行う場である寄合の開催回数の減少である。

（図4）は人口減・高齢化が全国で最も進んでいる地域の一つとされる高知県中山間地域において、壮年（三〇〜六四歳）人口の数と集落の寄合開催状況を比較したものである。三〇〜六四歳は地域活動の担い手として大いに期待される年齢層であるが、その壮年人口が五人を下回ると寄合開催回数が急減し、開催ゼロ集落が一割を超える。また、祭りなど集落行事は集落内の社会的統合を図るうえで重要な要素だが、それに関する話し合い率も壮年人口数三人を下回ると急減する。

以上は二〇〇〇年時点の数字だが、直近（二〇一〇年）の調査結果（図5）を見るとこうした「集うことのない集落」はさらに増加しており、全国の傾向を見てもこの一〇年間で四、五倍に増えている。

※　　　※

以上のように二〇〇〇年代は、①それまで都市部からの財政移転に依拠して農村の雇用を確保し人口支持力を維持してきた農村政策が財政的な限界を迎え、「選択と集中」の中で切り捨てられていった時

図４　壮年人口数と集落寄合開催状況（高知県中山間地域集落：2000年）

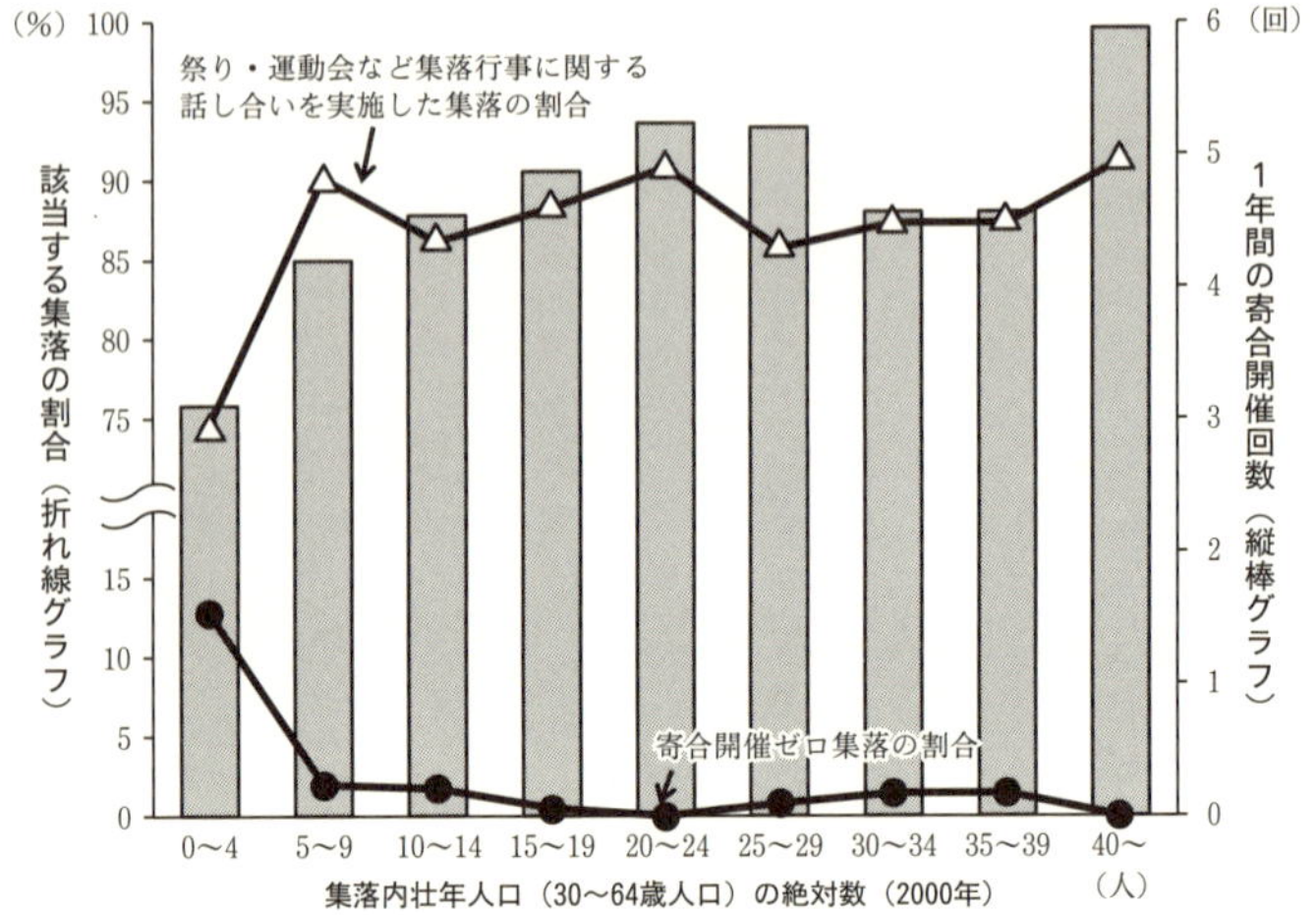

（出所）農林業センサス（2000年）より算出

図５　寄合開催回数ゼロ集落の割合の変化（2000年〜2010年）

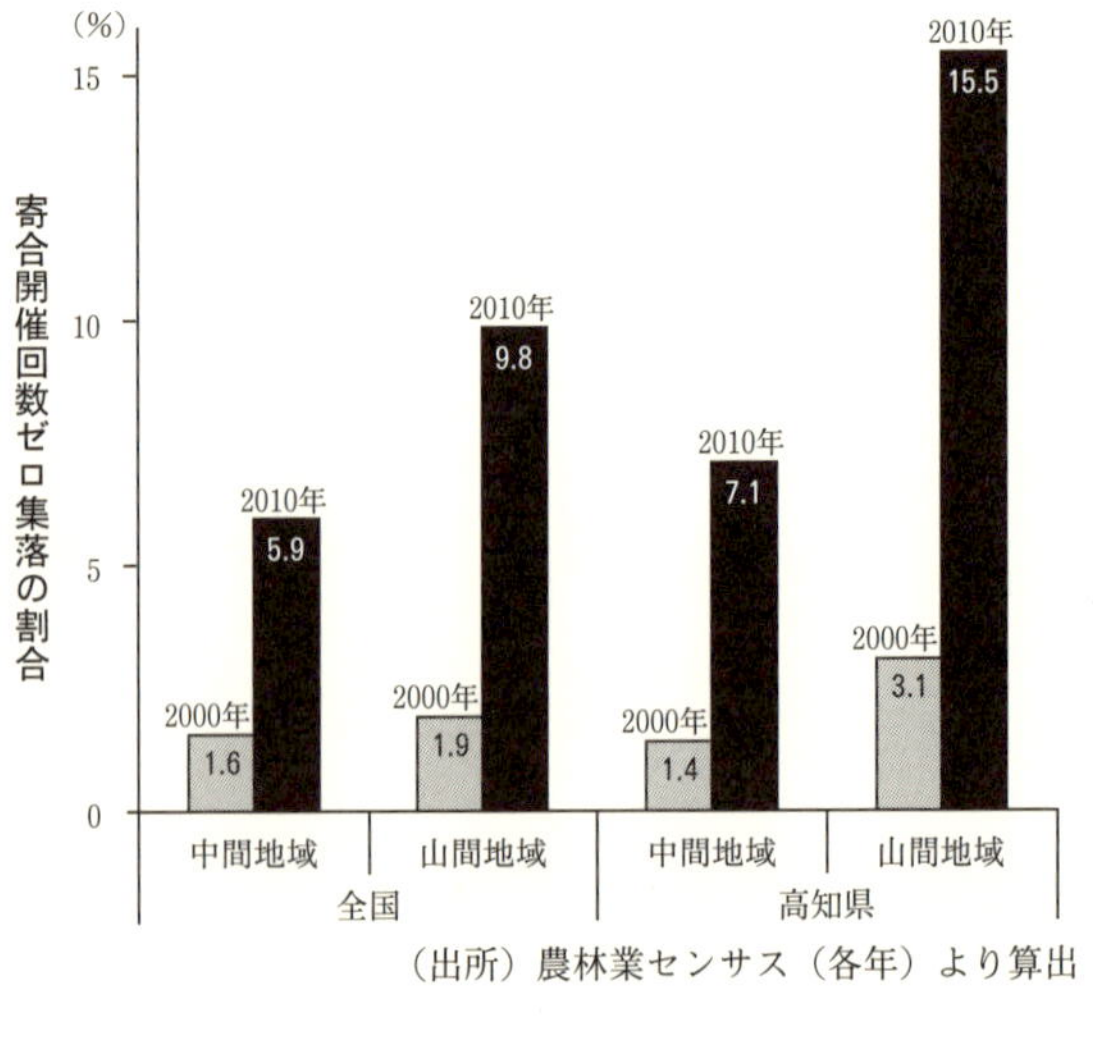

（出所）農林業センサス（各年）より算出

期であり、この結果生じた雇用収縮は農村部の人口支持力を一層弱めた。そのうえ②「政治」「経済」「社会」の各システムを支えてきた各主体が次々と地域の最前線から撤退もしくは脆弱化し、地域社会のマネジメント体制の空洞化、マネジメント力の低下を生じた。かくして農村の疲弊は、①人口支持力の低下ならびに②地域マネジメント体制の空洞化という二つの局面で進行している。

三　解決の方向性をめぐって―農村再生のための社会設計

では、農村地域の再生に向けていまどのような政策や取り組みが求められるのか。本章では、農村再生のための方法論を「農村経済の再構築による人口支持力の確保」「地域マネジメント体制の再構築」の二つの観点から検討したい。

1　農村経済の再構築による人口支持力の確保

（一）「収入対策（所得向上策）」だけでなく「支出対策（支出軽減策）」を

個々の家計にブレークダウンすれば、経済面でくらしの持続性を担保するのは収入と支出のバランスである(23)。

ところが、どういうわけかこれまでの農村経済の活性化策は収入面からの対策（特産品の開発や工場誘致をはじめとした産業振興やそれを通じた雇用創出・所得向上策）に偏り、支出面からの対策（支出軽減策）には消極的だった。「収入対策（所得向上策）」に偏るのではなく、「支出対策（支出軽減策）」も含めた総合的な経済対策を講じることにより、農村の人口支持力の確保を図るべきではないか。

本稿では、農村部における支出対策として二点を指摘したい(24)。

図6　農家家計の支出構成の変化

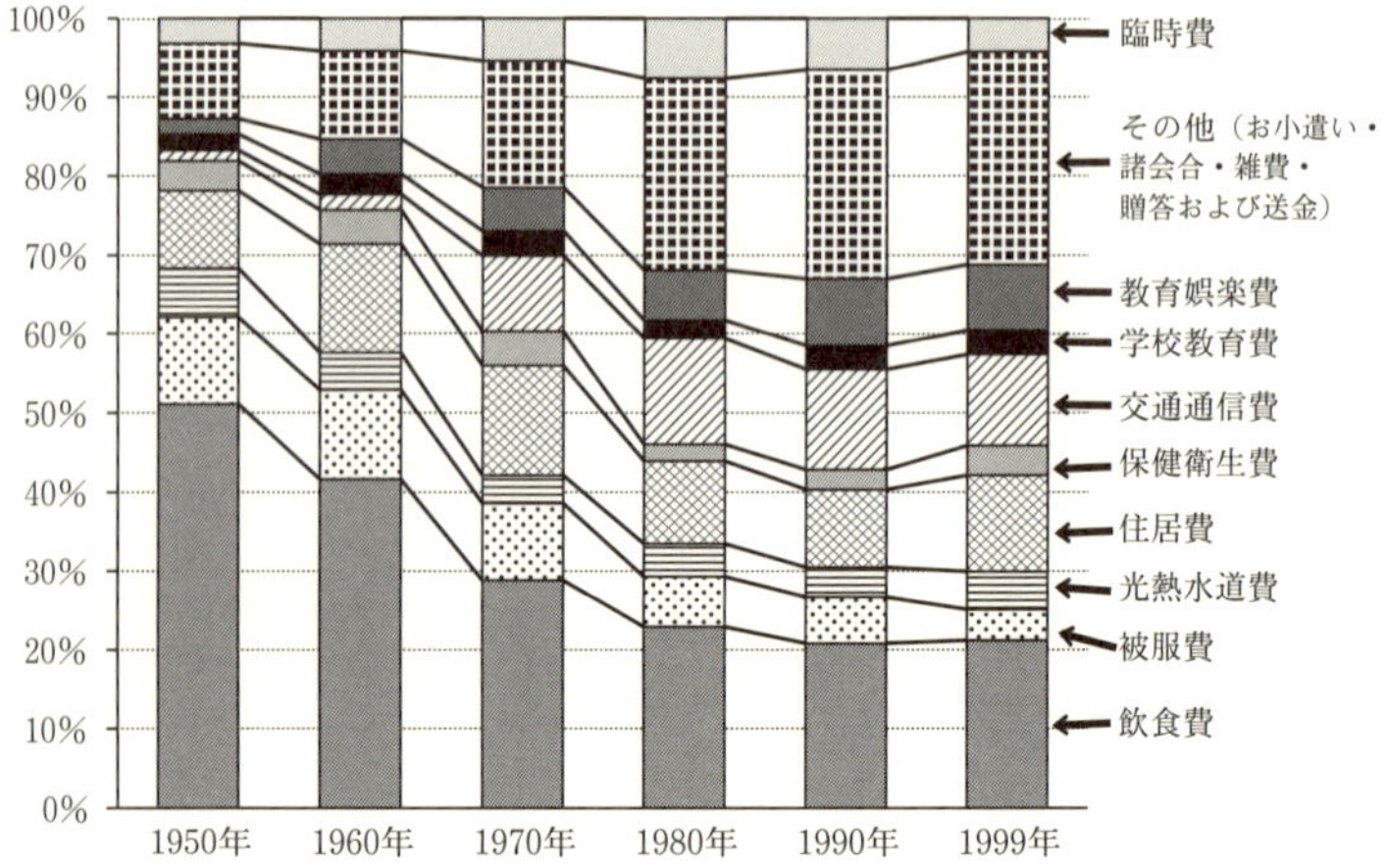

（出所）農家経済調査（〜1990年）・農業経営動向統計（1995年〜）

注）1999年以降、家計収支に関する統計は総務省「家計調査」に一本化され、農家に限定した家計調査は行われていない。

①教育政策

第一に、教育政策における対応である。

子育てについてはこれまでの家族福祉依存型からの脱却が進みつつあるが、教育に関しては未だ費用負担を含めて多くが家庭に委ねられ、GDPに占める教育機関への公的支出の割合はOECD諸国の中で日本が最下位、高等教育に係る支出に占める公的負担の割合もワーストクラスである。

これまで家庭が高額の教育費用を賄い続けられたのは、雇用の安定ならびに終身雇用制と年功序列の賃金システムが子供を高等教育機関に通わせる中高年期に高賃金を保障してきたからであり、今やその前提は通用しない。結果として所得の格差が教育機会の格差につながりつつある。

農村問題に関して言えば、教育政策の貧困が教育機会の地域間格差を生じつつある点を指摘しなければならない。農家家計の支出構成の長期的な推移を追いかけると（図6）、飲食費や被服費が割合を大きく減らす一方で、増加している分野が大きく分けて二つある。

その一つが教育関係費である。学校教育費（主として授業料）はあまり変わらないが、教育娯楽費（学習塾や習い事の月謝等）は徐々に増えている。それにもまして目立つのが「その他」の増加である。「その他」には小遣い・諸会合雑費、贈答・送金等が含まれており、その内訳は年度によって組替えがあるために連続的に推移を追うことはできないが、他統計（総務省「家計調査」）もふまえながら類推すると、増加分の多くを「送金」すなわち「仕送り」が占めている可能性が大きいと指摘できる。

都市部とは異なり、農村では高校から下宿を余儀なくされるケースも少なくはないし、ましてや大学や専門学校に至っては自宅から通える方が珍しい。すなわち、農村は都市部に比べて所得水準が低いうえに都市部よりも教育費負担が大きいという二重のハンディを背負っており、結果として大学進学率の都市との格差は近年拡大の一途をたどっている[25]。こうした教育費問題が子育て世代である若年層の農村からの流出を招き、農村へのＵＩターンの障壁にもなっていることは想像に難くない[26]。

次の世代がその生まれた境遇に関わらず自らの可能性を切り拓けるような環境づくりは教育政策の根幹ともいえる。であればこそ、生まれや居住地の違いが教育機会の格差を生んでいる現状に照らして、政策の抜本的な転換が必要ではないか。

②交通政策

（図6）においてもう一つ支出割合が増加しているのが交通通信費である。一九六〇年から七〇年にかけて急増していることからモータリゼーションによる自家用車の普及が要因として指摘される。

現在、公共交通サービスの乏しい農村では自家用車は生活必需品であり、一人一台が当たり前と言っても過言ではない。少しでも維持にかかる負担を抑えようと、農村部では軽自動車が普及しているが、それでも節約には限界がある。[27]

筆者も農村に居住していた時期があるので重々承知しているが、自家用車を完全に手放すことは現実的に不可能である。しかし、過疎地有償運送やカーシェアリングなど新たな手法を導入して自家用車によらない移動手段を選択肢として確保することにより、一人一台ではなく四人で三台、三人で二台といったふうに少しでも減らす努力はできるのではないか。生活交通対策は子供や高齢者など交通弱者のためのものとされるが、住民の家計支出の軽減策にもなりうるという視点が必要である。

また、農村における極度な自家用車依存は、公共交通が不採算を理由に次々と縮小・廃止されてきたためでもある。これまで公共交通が独立採算を原則として赤字補助は例外的な措置と捉えられてきたことが背景にあるが、日本において公共交通が独立採算で成立しえたのは、①経済のインフレ基調が続き初期投資の回収見込みが立てやすかった、②人口増加局面にあって需要の長期的拡大が見込めた、という二つの要因が重なったからであり、現在ではそのいずれの成立条件も失われている。デフレ基調かつ人口減少局面においては原則として公共交通の独立採算は不可能と考え、公的支援の充実を検討すべきではないか。

(二)「多業」を前提とした雇用対策

「多業」とは「一つの仕事のみに従事するのではなく、同時に複数の仕事に携わる働き方を指すもの」(国交省資料における定義)、言い換えれば副業的雇用（パート雇用や季節雇用）の組み合わせにより生計を立てている状態のことである。

農村において新たに専業的雇用（通年・フルタイム雇用）を作り出す余地は限られている。にもかかわらず現在全国で進められている雇用創出策は専業的雇用の創出にこだわり、結果としてその成果はごく限定的である。

一方で副業的雇用（短時間雇用・季節雇用）は新たに確保の余地がある。特に季節ごとの繁閑差が大きく零細経営の多い第一次産業では、閑散期も含めて通年雇用できるほどの経営体力はないものの繁忙期のみの追加雇用ニーズは大きく、むしろ繁忙期の労働力不足から事業の縮小や廃止を余儀なくされる例も少なくない。また、地域の産業や住民生活を支えるために不可欠な仕事ではあるけれども専業的雇用を抱えるほどの需要はない職種もある(28)。そうした職種では労働力の確保に苦心しており、住民生活に不可欠なサービスが維持できない状況が生じている。

「多業」を前提とした雇用対策は、新規産業の創出にこだわらず、地域内に潜在あるいは分散する雇用需要を掘り起こして再編成することにより新たな雇用枠の確保を目指す。さらに、人手不足のため存続が危ぶまれている既存の地場産業や住民生活に欠かせない生活サービスの維持存続にも寄与することが期待される。

先駆的な事例として、宮崎県諸塚村では基幹産業である林業と製茶業を組み合わせることにより両産業の季節ごとの繁閑を吸収して若年層に安定雇用を提供している。

従来、林業は作業が天候に左右されることから日給制かつ休日も不定期となっており、待遇の不安定さから若年層雇用の受け皿にはなりづらかった。一方、村のもう一つの基幹産業である製茶業は繁忙期（五～六月）の労働力不足が課題となっていた。

そこで、村は森林組合らと共同で財団法人ウッドピア諸塚（現在は一般社団法人）を設立、財団の正職員として雇用して林業と製茶業を兼務させることにより、季節ごと繁閑を吸収して月給制と週休二日制を実現した。二〇一五年時点でウッドピア諸塚は二九名（うち林業兼製茶業部門で二一名）を雇用しており、うち二〇～三〇代が三分の一を占め、Iターン者も四名含まれるなど、人口一千数百人の同村にあって貴重な雇用の受け皿となっている。

2　地域マネジメント体制の再構築～地域運営組織の設立

先に見たように、「政治」「経済」「社会」の各システムを支えてきた主体が統合再編によって地域の最前線から撤退あるいは人口減・高齢化によって脆弱化し、地域社会のマネジメント体制の空洞化、マネジメント力の低下が生じた。

地域社会のマネジメント力を回復するために「政治」「経済」「社会」システムを支えてきた各主体を元通りに復旧できれば良いのだが、実際にはきわめて困難である。人口減・高齢化が止まらない中でコミュニティの活動量を復原するのは難しいし、市町村や協同組合の合併をご破算にして体制を元に戻すのもあまり現実的ではない。

しかし現場では、元あった組織を単に原状回復するのではなく、新たな組織を旧村・小学校区など集落よりも一回り大きい新たな枠組みで再構築することにより、市役所・役場、協同組合やコミュニティが従来果たしていた機能を取り戻そうとする動きが広がりつつある。

（一）　広島県安芸高田市川根地区における先発事例

広島県安芸高田市の北端にある川根地区（二三二世帯・五三一人、高齢化率四五・二％：二〇一二年時点）は、地域の「政治」「経済」「社会」システムを支えてきた各主体の疲弊あるいは撤退が、全国に先駆けて進んだ地域の一つである。

特に「社会システム」の支え手である集落の脆弱化は深刻であり、地区内の一九集落の多くが人口二〇人以下かつ高齢化率五〇%以上の小規模高齢化集落となっており、高齢化率八〇%以上の集落も三つある。こうした集落では活動が衰え、祭りの継承はおろか葬儀に係る互助すら単独ではままならない状況に陥っている。

「政治・経済システム」を支える主体の撤退も進んだ。古くはこの地区に「川根村」があり「川根農協」があったが、現在ではいずれも存在しない。

しかしその一方で、川根地区としての活動は活発そのものであり、地域マネジメントに関わるさまざまな取り組みが行われている。生活交通（過疎地有償運送）や福祉活動など地域生活を支える取り組みのほか、宿泊研修施設の運営、特産の柚子の加工販売、圃場整備や集落営農など、都市農村交流や産業振興活動も幅広く積極的に行われている。(29)

これら活動を取り仕切るのは、四〇年以上前に住民有志が立ち上げた、現在では地区内の全世帯が加入する川根振興協議会である。(30)

振興協議会は次の三つの性格を併せ持つ。

第一に旧村・小学校区単位の新たなコミュニティとしての性格である。

集落の脆弱化は深刻だが、かといって集落の合併は住民の抵抗が大きく困難である。そこで川根地区では一九集落が連携して振興協議会を設立し、集落活動の補完を図っている。

たとえば従来集落ごとに伝承されてきた田植え神事（川根はやし田植え）の開催が集落単位では難しくなると、振興協議会が引き継いだ。重要なのは、地区の中心部で開催するのではなく、一年ごとに地区縁辺部の集落も含めて地区内すべての集落を巡回しながら開催している点である。地区の最縁辺にある最小規模の集落（三世帯・五人、高齢化率一〇〇％）でも、振興協議会が呼びかけて地区ぐるみでサポートすることで開催に漕ぎ着けた実績がある。統合して各集落の機能を吸収するのではなく各集落を支えるのが振興協議会の姿勢である。

第二に（昭和）合併前の旧村単位の「小さな役場」としての性格である。振興協議会の活動領域は、産業振興、文化活動から地域福祉に至るまで、さながら役場のごとく多岐にわたっている。

また、振興協議会は地域と行政とのパイプ役も担っている。しかも、単なる要望ではなくまずは地域で施策を考えたうえで行政に提案するのが川根地区のスタイルである。たとえば地区を流れる河川の護岸改修に際しては、振興協議会の提案により、当時としては新しいコンクリート張りではなく石積みを用いた多自然型工法が導入された。また、道路拡幅等を要望する際も、事前に地区で用地について所有者の内諾をとりつけてから行政に持ち込むという。

第三に、振興協議会は地区の「経済システム」を支えるいわば「小さな農協」としての性格を有している。

たとえば振興協議会は地区唯一の商店・給油所を運営しているが、いずれも元はＪＡが運営していた。経営合理化を理由に廃止の方針が示されたところ、振興協議会が主導して住民から一世帯あたり一千円の出資金を集め、経営を引き継いだ。

また、圃場整備に際しては、土地改良区を振興協議会の下部組織として位置づけるなど振興協議会の関与のもと進められた。圃場整備は地区内をいくつかの工区にわけて進められることになったが、整備の順序には振興協議会の意向が強く反映され、最初に着手する工区には、「端の集落から支える」との

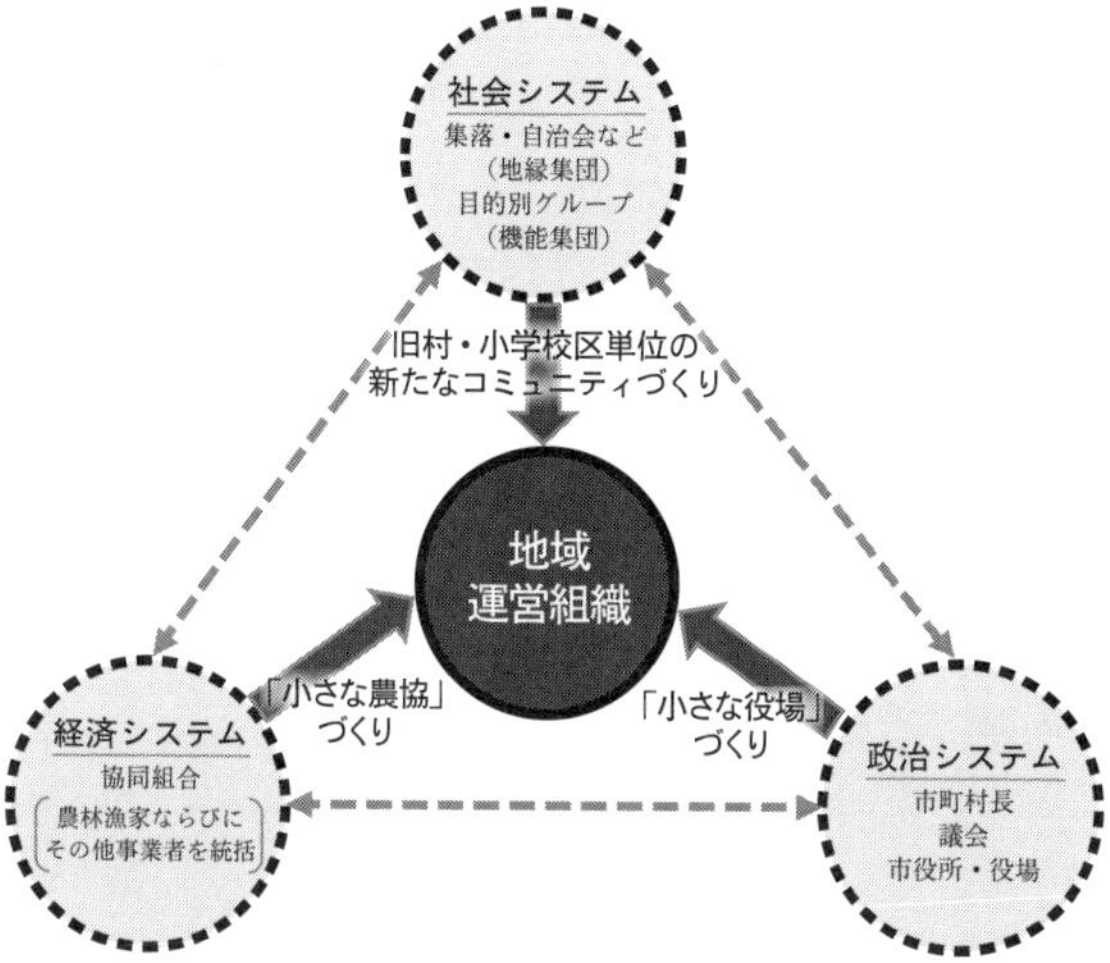

図７　地域運営組織の設立による地域マネジメント体制の再構築（概念図）

方針から地区の最縁辺にある小規模集落が選定された。その他、集落営農も振興協議会が主導して取り組んでいるほか、中山間地域等直接支払制度への対応においても、振興協議会の調整により協定を地区単位で一本化し、交付金全額を地区の共同活動に充てている。

先に述べたように、市町村や協同組合の合併をご破算にして役場や協同組合の体制を元に戻すことは難しい。それに代えて川根地区では、旧村・小学校区を単位に、①政治システム（昭和合併前の旧村ないし学校区単位の「小さな役場」）、②経済システム（「小さな農協」）、③社会システム（旧村・小学校区単位の新たなコミュニティ）を支える新たな「地域運営組織＝振興協議会」を設立することで、空洞化した地域マネジメント体制を再構築し、地域マネジメント力を回復している（図７）。

（二）　地域運営組織設立の展開とその可能性

川根地区と同様の取り組みは、近年全国的な広がりを見せつつある。

図８　「平成の合併」期の市町村減少率と地域運営組織の設立状況の比較（都道府県単位）

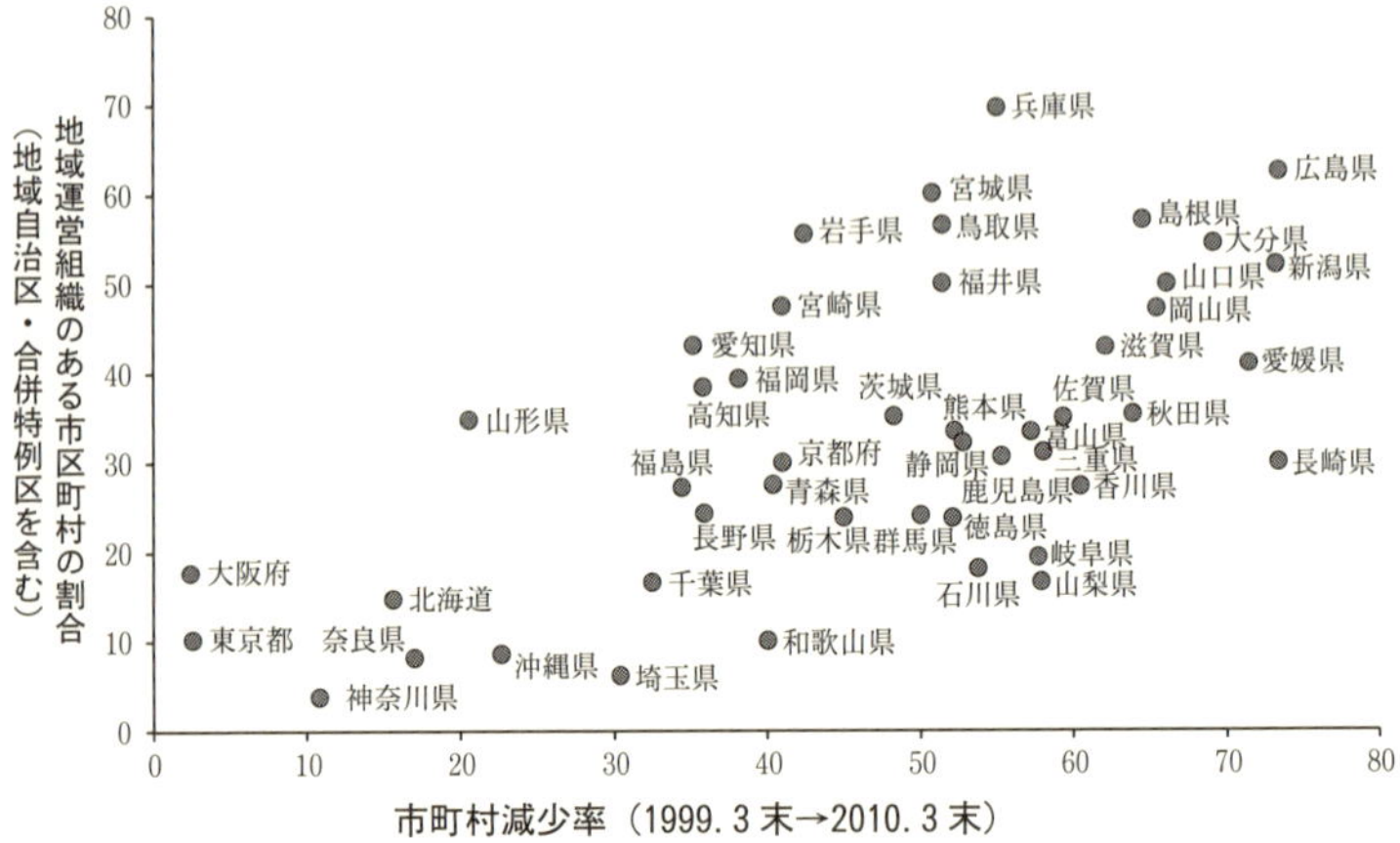

たとえば広島県東広島市小田地区（旧村・旧小学校区の一三集落・二三七世帯・五九八人：二〇一一年時点）では、市町村合併や小学校の統廃合計画に伴う地域の空洞化への危機感から、二〇〇三年に地区内すべての集落を巻き込んで全戸加入の自治組織を設立した（小さな役場・新たなコミュニティ）。二〇〇五年には集落営農法人を設立（小さな農協）、地区内全耕地の約七割にあたる八二haを集積し、耕畜連携のほか野菜部門、加工部門（餅・味噌・米粉パン等）への展開による複合化・多角化に取り組んでいる。

また、高知県四万十市大宮地区（旧村・旧小学校区の三集落・一三五世帯・二八九人・高齢化率四九・五％：二〇一五年時点）では、住民出資により株式会社を設立し（二〇〇六年）、ＪＡが手放した店舗と給油所の経営を引き継いでいる（小さな農協）。二〇一三年には、活動の総合的展開を目指し、地区内の集落や諸団体を糾合して大宮地域振興協議会を設立し、農産物の加工、集落営農、都市農村交流、高齢者支援などの事業化を図っている。

図９　地域運営組織の設立時期
（市区町村で地域運営組織が最初に設置された年：合併の有無別）

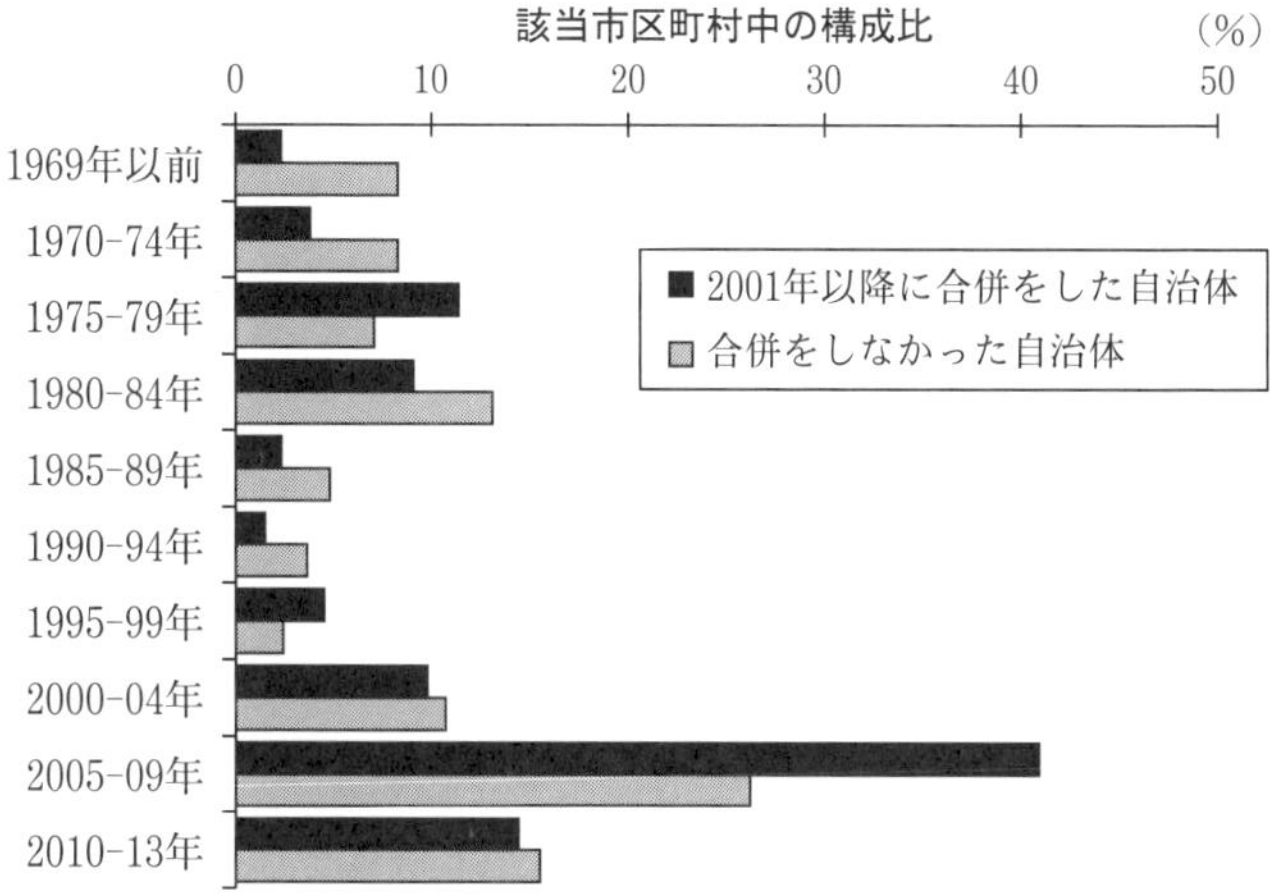

注）1970年代後半から80年代前半にかけて比較的設立が多いのは、この時期に自治省（当時）を中心にコミュニティに関する議論や施策の導入が盛んに行われたこと（いわゆる「第１次コミュニティブーム」）を反映していると考えられる。

図10　地域運営組織の活動内容

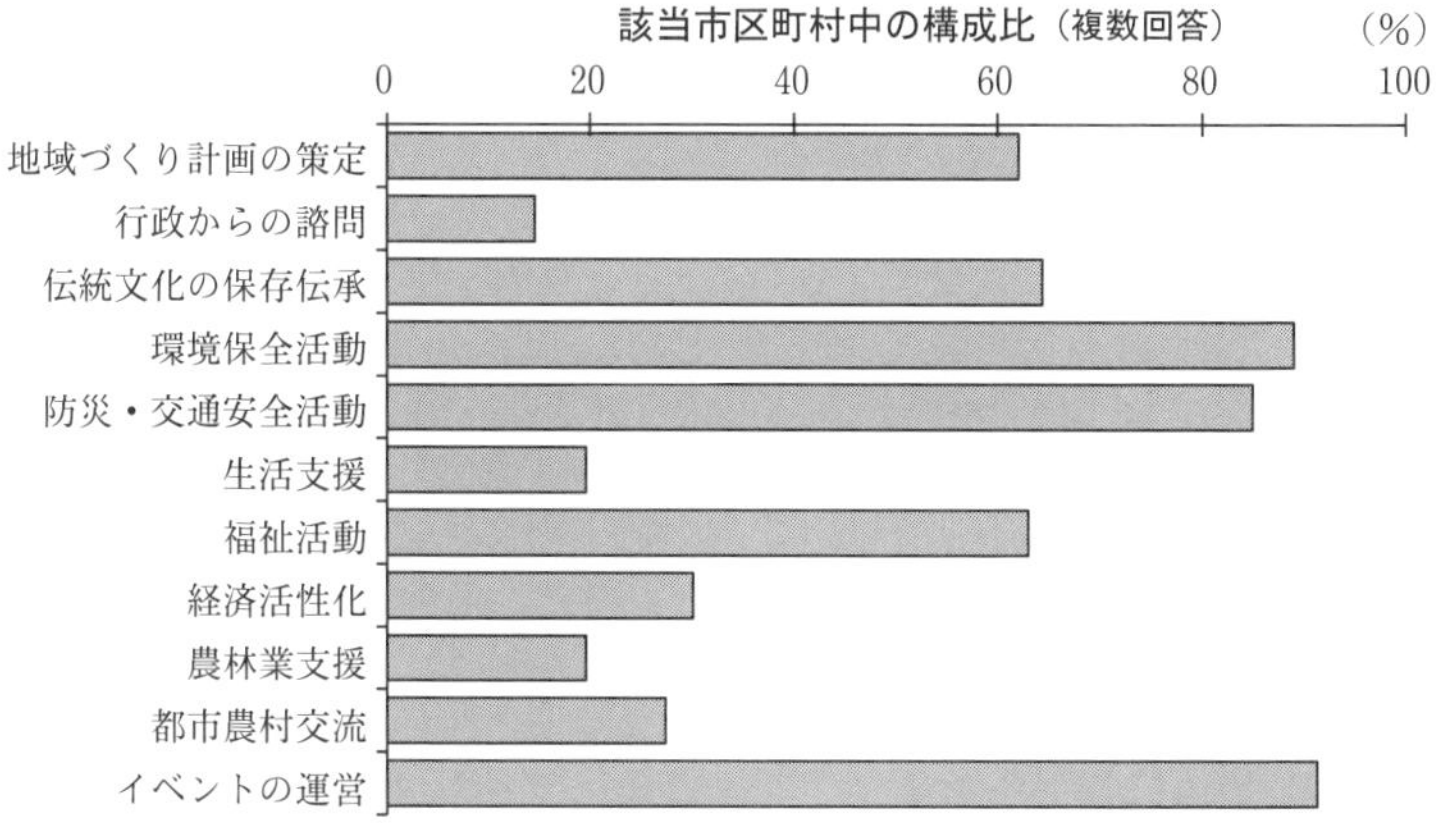

二〇一三年に筆者らは全市区町村を対象にアンケート調査を実施し、旧町村や学校区など一定の区域に設置された地域運営組織(31)の設立状況を調査した。(32) その結果、回答のあった一二九〇市区町村のうち三七二市区町村にて地域運営組織が設立されていることがわかった。(33)

(図8)によれば「平成の合併」が進んだ(この時期に市町村減少率が高い)都道府県ほど地域運営組織の設立が盛んであり、市町村合併を契機に設立が進んだことがうかがえる。ただし、合併をしなかった市区町村においても二〇〇〇年以降に設立数が増加していることから(図9)、市町村合併だけでなく、協同組合の統合再編や人口減・高齢化およびそれに伴う地域社会のマネジメント体制の空洞化に対する危機感が背景にあると捉えるべきだろう。

組織の活動内容は地域をとりまく状況に応じて多様である。傾向を観察すれば、イベント運営、環境保全、防災・交通安全活動がトップ三を占め、伝統文化の保存伝承、福祉、地域づくり計画の策定がつづく(図10)。

日本全体の人口が減少局面に入る中で農村の人口減少を食い止めることはきわめて困難である。しかし地域の力は人口の大小だけで決まるものではなく、重要なのは地域内の住民や諸組織それぞれが力を十分に発揮し、相互に連携協力し合えるかではないだろうか。その意味で、地域運営組織の設立により地域マネジメント体制を再構築し、地域のマネジメント力を回復しようとする取り組みは、疲弊する農村の取り得る新たな選択肢の一つとして期待されるだろう。

(三)　地域運営組織の政策化・制度化とそれに伴う課題

最後に、地域運営組織をめぐる新たな動き(本稿執筆時の二〇一六年六月時点)とそれに伴う課題を指摘したい。

現在、地域運営組織の政策化・制度化ならびに財政支援が相次いで講じられつつある。

国土交通省は、先に紹介した川根地区の取り組みなどを参考に「小学校区など複数の集落が集まる基礎的な生活圏の中で、分散している様々な生活サービスや地域活動の場などを『合わせ技』でつなぎ、人やモノ、サービスの循環を図ることで、生活を支える新しい地域運営の仕組みをつくろうとする取組」を「小さな拠点」と定義し、「国土のグランドデザイン二〇五〇（二〇一四年七月公表）」にも「国土の細胞としての『小さな拠点』」の構築を掲げた。[34]

「小さな拠点」は「地方創生」にも取り上げられた。「国総合戦略」には中山間地域における「まちの創生」策として「小さな拠点」の形成が挙げられており、「地方創生」に関わる各種交付金の対象事業ともなっている。

総務省も平成二八年度地方財政対策にて地域運営組織の持続的運営のための費用を地方財政計画に計上し、特別交付税措置を講じる予定である。

また、地域運営組織に適合した新たな法人格を創設しようとする議論も進みつつある。島根県雲南市らによる「小規模多機能自治推進ネットワーク会議」は、地域代表性（自治体内分権の受け皿となりうる）や事業分野の総合性（公共的な地域活動だけでなく経済活動も含めた分野横断的な事業が行える）を確保できる新たな法人格「（仮称）スーパーコミュニティ法人」の創設を提唱しており、これを受けて政府でも法人格問題に関する検討が始まっている。[35]

こうした政策化・制度化や財政措置は、地域運営組織に制度的・財政的安定性を保障するかもしれないが、一方で、新たな型枠を嵌めることにより、地域運営組織の多様性や柔軟性を奪う恐れもある。地域運営組織と一口に言っても、「小さな役場」としての性格（「政治システム」の代替補完）、「小さな農協」としての性格（「経済システム」の代替補完）、旧村・小学校区等単位の新たなコミュニティとしての性格（「社会システム」の代替補完）の各々をどの程度重視するか、あるいは地域のおかれた状況や取り扱う課題に応じてその性格や体制、事業内容は組織ごとに異なるものであり、特に制度化に際しては十分な配慮が必要である。[36]

また、行政が主導して地域運営組織を設立するケースが多数を占めることにも注意を払う必要がある。上述のアンケート調査結果では、地域運営組織が設立されている市町村のうち七七・八％（有効回答二一六市町村のうち一六八市町村）が「行政からの提案」を契機に設立されており、先述の川根振興協議会に代表されるような住民発意により設立された地域運営組織は少数である。しかも「行政からの提案」を契機に設立された地域運営組織の割合は徐々にではあるが増えており、二〇〇〇年以降に地域運営組織が設立された市町村では八五・四％（一三〇市町村中一一一市町村）を占める。

すべてではないが、行政主導で設立された地域運営組織の中には行財政改革の一環として従来市町村が担っていた業務を「協働」の名の下に住民に安く請け負わせる（アウトソーシングする）手段として、あるいは地域課題の安易かつ安上がりな解決策として設置されたと思しきケースも見受けられる。

たとえば東北地方のA町では、町内の各出張所を廃止し、代わりに小学校区単位に発足させた住民組織に施設の指定管理のほか従来出張所で行っていた証明書発行業務を委託している。住民組織は施設の指定管理料で常勤職員二名を雇用しているが、その賃金は役場職員と比較して大幅に低く抑えられている。こうした町の方針に対して住民の受け止め方はネガティブであり、発足前年に実施したヒアリングでは、地区代表から「丸投げされたという感が強い。協働といいつつ実は押しつけではないか」との発言も飛び出すほどだったが、出張所から住民組織への移管は予定通り実施された。

四国地方のB町では、経営者の高齢化により存続が危ぶまれた給油所を継承させるために役場の発意により住民出資会社を設立させた。先に紹介した川根地区や大宮地区のケースは住民発意による設立であり、出資は強制ではなく任意だったが、B町の場合は奉加帳形式で全世帯から一律に出資金を集めた。住民へのヒアリングでは「役場に言われたから払ったまでのこと」「あれ（出資金）はどうせ捨て金だから」などの発言が相次いだ。

行政としてまず検討あるいは着手すべきは住民による自己決定に対する制度的保障[37]であり、それを前提に「協働」の仕様や具体的内容が決定されるべきである。また、「（地域運営組織を設立して）地域課題は地域で解決せよ」とは聞こえはいいが、これを体のいい「丸投げ」の口実にしてはならない。ましてや人口減・高齢化による地域の維持存続の危機や財政難によるサービスの縮減・廃止を煽りながら住民に地域運営組織の設立を強いるのは、さながら「ショック・ドクトリン」のようでもある。

さらに、地域運営組織が「地域切り捨て論」「集落撤退論」の手段と化す恐れも指摘しておく。

上述の「国土のグランドデザイン二〇五〇」は、「小さな拠点」に言及するなかで次のように記している。「行政や医療・福祉、商業等各種サービス業の効率性を高め、よりよいサービスを提供するため、コンパクトな拠点をネットワークで結ぶ地域構造を構築する。まず、サービス機能の集約化・高度化を進め、交通及び情報ネットワークで住民と結ぶとともに、その後、一定の時間軸の中で、誘導策等により居住地の集約化を進める。（傍点筆者）」

川根振興協議会のように、住民の発意により、互酬性にもとづく住民間の水平的な関係をベースに構成された地域運営組織では、こうした議論は発生し得ない。むしろ先に見たように、地区最縁辺部の集落から支える（端から支える）という行動原理を有していた。

以上のように、地域運営組織に関して、量的拡大と並行してその性格において質的変化が生じつつあることに注意を促しておきたい。すなわち、地域運営組織のあり方はより広く検討されてよいが、その際には、誰のための、そして何のための地域運営組織かを常に問いかけ続けること、ならびに、あくまでも農村地域におけるセーフティ・ネットの確保は政府や自治体による「公助」の役割であり、安易に地域運営組織による「共助」で代替できるものではないことに注意が必要である。

注

(1) 其田茂樹『「地方創生」は政策目的か：地方自治関連立法動向研究六』自治総研通巻四三九号 二〇一五年五月号 四七〜七九頁

(2) 都道府県は市町村を支援する立場として位置づけられ、広報や支援に必要な経費として標準団体当たり1億円が交付税措置された。

(3) 二〇一五年一〇月末までに策定した自治体に交付され、自治体に総合戦略の早期策定を促す効果をもたらした（全自治体の約四割にあたる七二四団体＝三四都道府県・六九〇市区町村が同期限までに策定）。

(4) 「ふるさと創生」には斯様に印象的・一面的な評価が先行しているが、「ふるさと創生」を契機に開催された祭りが町あげてのイベントとして定着したケース（茨城県阿見町）や、全国に先駆けて風力発電に取り組んだ自治体（山形県立川町：現庄内町）、その他人材育成や地域文化活動の発展に寄与した例も多く、いまいちど冷静かつ総合的な評価・検証が必要である。

(5) Bloomberg 配信記事（二〇一五年一月二六日付）、日本経済新聞（同年三月一日付）におけるインタビューなど。

(6) 交付金の使途についても国の厳格なコントロールが敷かれている。たとえば「加速化交付金」の運用においては、軽微な変更（金額ベース二割以下の組替）以外は国への申請が要求されており、国から都道府県に対しては「変更そのものがないようにしてほしい」とのニュアンスで伝達されているようである。

（7）ただしこうした市町村への関与は都道府県によって温度差が大きく、その意味では分権的とも言える。

（8）次から次へと要求される計画策定に伴う負担が自治体行政を疲弊させていることもまた事実である。第一三回地方分権改革有識者会議（二〇一四年五月一六日）において渡邊委員（新潟県聖籠町長）が提出した資料によれば、同町が策定する計画は三四件（うち法令に基づく必須計画ならびに国からの要請・努力義務として策定が課せられた計画は二四件）であり、策定までに延べ一八〇〇人日を要したと弾き出している。これに「地方創生」に伴う各計画の策定業務が加わる格好となった。

本文に記したように総合計画の焼き直し風の「総合戦略」を策定した自治体も少なくないし、戦略策定に必要な経費として一市町村あたり約一千万円が交付されたこともあり、これを元手にコンサルタント等に策定業務を委託した市町村は多く、なかには「丸投げ」に近い自治体もあったようだ。「ふるさと創生」事業を担当企画官として立案した内貴滋氏によれば、当時「一億円」を活用した地域振興策の検討に際して「企画会社に委託した市町村は一つもない」（内貴滋「『地方創生』で失ってはならないもの―一村一品運動とふるさと創生を立案した立場から」町村週報第二九〇三号、二〇一四年一二月二二日、全国町村会）というが、これとは対照的な動きが生じている。

また、「地方創生」に伴う事業申請（各種交付金）に際しても新規事業の押し付け合いが各所で生じた。首長から事業申請の命は受けたものの、マイナンバー制度対応で多忙な総務担当部署からもプレミアム商品券対応で多忙な産業振興担当部署からも新規事業への協力を断られ、結局、企画担当部署が事業のほとんどを背負い込んだ…というケースは珍しくない。

（9）二〇四〇年時点で二〇～二九歳を迎える女性は二〇一〇年時点では生まれていないが、以降一〇年間で出生率が幾分回復したとしても分母にあたる若年女性が一貫して減少するなかで出生数が増えるとは考えにくいことから、二〇〜二九歳人口を含めても同様の指摘が可能である。

(10) そもそも旧町村部問題が認識されていないケースもある。二〇〇五年に一二市町村が合併した静岡県浜松市は山間地域の旧町村部を中心に深刻な人口減少が発生している（市北部の旧四町村では二〇〇〇年から一〇年にかけて二〇〜三〇％前後の人口減）が、「消滅可能性都市リスト」を受けた市長の反応は次の通りである。「浜松周辺地域は、平成一七年に一二市町村が合併を行い、消滅可能性都市が消えてしまったので、報告書にあるような問題は起こりえない」「当時、将来の厳しい状況を打開するため、いち早く地域がひとつになったことは、時代を先取りした賢明な選択であった」（「市長エッセー（平成二六年七月）」市公式HPに掲載）。

(11) ある年度の二〇代は一〇年後には全員三〇代になっているので、一〇年間に人口の移動（死亡・転出入）がなければ増減はゼロとなる。この世代の死亡率は一〇年間で一％未満であり、その幅を超える増減は転出入によるものと見なすことができる。

(12) （表2）における二〇〇〇年代の数字は、概ね団塊ジュニア世代の動向を示す。当時出産・子育て適齢期の当該世代が地方に帰らなかった or 東京に流入したことは、現在地方圏を襲っている子育て世代の欠落、深刻な少子化の主因の一つである。

(13) 吉田俊幸「農村政策試論」、地域政策研究第一巻第三号、高崎経済大学地域政策学会、二九五〜二九八頁、一九九九年

(14) 戦後は、本土引揚者や自然増による労働力の増加を背景に労働力の集中投入による土地生産性の向上も図られた。農地改革も自作化による生産意欲の向上（それによる土地生産性の向上）が狙いの一つだった。

(15) 吉田・前掲論文

(16) 従来の財政依存型の農村政策を代替補完するものとして「内発型むらづくり運動」の農村政策への適用が試みられているが、雇用・所得面で代替補完するには至っていない。しかも「内発型」の「運動」であるがゆえに地域のおかれた状況や課題等に応じてその発展形態も多様であり、ただでさえ少ない成功事例から汎用的な

理論や方法論を導き出すのは至難である。成功事例とされる限られた事例を政策担当者や研究者が収集してはいるが、その多くが事例報告の域を抜け出しているとは言いがたい。結果的に農村政策の新たな体系はいまだ確立されず、政策評価基準も定まらないまま毎年のように事業を組み替えながら試行錯誤を続けているのが実状である。

(17) 工場三法の撤廃・見直しにより大都市圏に工場が回帰する傾向が生じたことも付記しておく。

(18) 職員数の削減は退職者不補充という手法で行われたため、若年層の就業機会の減少に直結した。

(19) 神野直彦・澤井安勇「ソーシャルガバナンス」、東洋経済新報社、二〇〇四年、二一～二六頁

(20)「平成の合併」が迫られたもう一つの背景に、地方分権改革における「自立」の要求があった。地方分権改革は当初自治体の「自律（autonomy）」の向上を目標として自己決定権の拡充を目指してきたが、やがて自治体の「自立」度を求めるようになると、そこでは財政面や行政事務面の自助独立性が重視され、政府によるサポートを極力減らすことが改革の目標として語られるようになり、その手段として「平成の合併」が導き出されるに至った。結果として地方分権改革は、自治体の「自立」を図ろうとして地域の「自律」を奪うこととなった。

(21)「政治システム」を担う主体である役場が撤退し、政治的なマネジメント力を損耗した旧町村部は、先述のように「地方創生」においても大きなハンディを背負っている。

(22) 農村における産業振興の成功事例の背景には、しばしば市町村と協同組合の密な連携が確認される。たとえば大分県旧大山町（大分大山町農協）、徳島県上勝町（旧上勝町農協）、高知県馬路村（馬路村農協）、同県梼原町（梼原町森林組合）、長野県根羽村（根羽村森林組合）など。

(23) 同様に財政運営においても歳入と歳出のバランスが常に意識される。

(24) 都市部においては、教育・交通に加えて住宅政策の見直しが求められる。日本の住宅政策はこれまで建設需要を喚起する経済政策としてしか捉えられず、中間層の新築による持家取得の促進に傾き、福祉政策における

位置づけは不十分である。農村では多少の格差はあれども基本的には各世帯が住宅を所有しており、所得が低いからといって「住」に事欠くことは少ないが、都市部は経済的貧困が「住」の欠乏に直結する。特に今後急増が予想される高齢貧困層の住宅対策が急務である。

(25)「大学進学率、地域差が拡大　東京急伸七二％　五県は四〇％未満」朝日新聞二〇一四年一〇月一五日朝刊

(26) 農村でしばしば耳にするのは、子供の教育機会や教育費負担を考慮して子育て世代が都市部に転居したという話である。統計的に確認できているわけではないが、子供の教育機会や教育費負担を理由に都市部での居住や就労を志向する若年層は少なくないと思われる。農村へのＵＩターンへの影響も然りであり、自らの居住地の選択が子供の将来を左右しかねないとなれば農村へのＵＩターンを躊躇するのも無理のない話である。

(27) 軽自動車普及率の上位五県は佐賀・鳥取・長野・島根・山形で、いずれも世帯に約一台以上の割合で普及している（二〇一四年一二月末現在・全国軽自動車協会連合会調べ）。

(28) 人口減少による需要の減少から専業的雇用を抱えきれなくなったケースは年々増えている。たとえば近年問題になっているのは、檀家の減少により住職の後継者が確保できなかった「空き寺」の増加である。「空き寺」が増加すれば地域で故人を見送ることもままならなくなる（鵜飼秀徳「寺院消滅―失われる『地方』と『宗教』」、日経ＢＰ社、二〇一五年）。

(29) 特に福祉部門は振興協議会のモットーである「おたがいさま」（互助・互酬）意識がもっとも強く反映されており、高齢者の見守り、配食サービス、デイサービスの運営など高齢者対応のほか放課後児童保育など子育て世帯への対応も図っている。

(30) 一九七二年に発足した当初は一部住民のみの参加だったが、発足直後に地区を襲った水害を契機に地区住民が結束して地域課題に取り組む必要性について認識が広がり、一九七七年には地区内の全世帯が参加することとなった。

(31) アンケートの設問では地域運営組織を「校区あるいは旧町村などの一定の区域に設置された、地域課題の解

決やまちづくりなどを行っているほぼ全世帯を構成員とする組織」と定義した。さらに「地方自治法もしくは合併特例法にもとづいて設置された地域自治区・合併特例区」も調査対象に加えた。

（32）調査結果の詳細は、坂本誠・小林元・筒井一伸「全市区町村アンケートによる地域運営組織の設置・運営状況に関する全国的傾向の把握」ＪＣ総研レポートvol.27、二八〜三三頁を参照。

（33）地域自治区・合併特例区のみを設置しているのは一九市町（約五％）にとどまる。地域運営組織のほとんどは地方自治法や合併特例法によらない組織と考えてよい。

（34）国土交通省国土政策局「【実践編】『小さな拠点』づくりガイドブック」二〇一五年三月

（35）「地域の課題解決のための地域運営組織に関する有識者会議」として二〇一六年三月に設置。

（36）同上有識者会議でも指摘されているように「地域運営組織の多様性に合わせて、現状においてもＮＰＯ法人、社団法人、株式会社、合同会社等多様な法人制度が利用されて」（同有識者会議　第五回資料）おり、まずはその実態を尊重すべきである。

ただし、地域運営組織が地域から退いた協同組合の代替補完的な性格を有していることに鑑みれば、現行の協同組合制度が所管する省庁ごとに整備されているために、地域に所在する課題を総合的に扱える分野横断的な協同組合形態が存在しないことは制度の不備とも言える。「地域協同組合構想」（一九七〇年代に協同組合関係者でその是非をめぐって大論争を巻き起こした）あるいは「農事組合法人の事業要件の緩和」（同じく農業協同組合法に規定されていながら、幅広い事業分野を扱える農業協同組合と異なり、農事組合法人が扱うことのできる事業は農業に関するものに限定されており、地方分権改革や国家戦略特区等に際して三重・長野・山口等各県から緩和の提案が出されている）などが検討されてよいだろう。

（37）その意味で、第二七次地方制度調査会答申をふまえて制度化されたものの十分に活用されていない地域自治組織（地域自治区）に関する議論がいまいちど必要ではないか。

（さかもと　まこと・農村地域論）

2　地方創生と自治体間連携

本多滝夫
（龍谷大学）

はじめに

自治体間連携が地方制度改革における課題となったのは、とりもなおさず、いわゆる平成の大合併が閾値に達したからである。

一九九九年に始まり、二〇一〇年頃に終息した平成の大合併は、分権の受け皿としての「基礎自治体」作りとして展開した。ここでいう「基礎自治体」とは「総合行政主体」としての自治体である。「総合行政主体」なる概念は、自治体が基礎自治体であるためには、住民の福祉の増進を図るために必要な事務・権限をすべて担わなければならず、そのためには専門的な職種を含む職員集団を有する行政体制を支えるだけの経営規模を備えていなければならないという規範的なものである[1]。平成の大合併は、そのような規模に達していない市町村を合併させることを目的としていた。しかし、総務省の指導を受けて都道府県が立てた合併計画にしたがって強行に進められた市町村合併は、自治の範囲を拡大する半面として、住民から市町村行政を遠ざけるものとなった。

二〇〇八年に全国町村会は、画一的な合併推進の結果、地域の振興等を担っている町村役場の機能が低下しているとして、「これ以上の合併推進を行わないこと」といった見解を表明した(2)。

さらに、総務省自体も、二〇一〇年三月に公表した『「平成の合併」について』(以下「平成の合併(3)」)において、合併の問題点として、①周辺部の旧市町村の活力喪失、②住民の声が届きにくくなっていること、③住民サービスの低下、④旧市町村地域の伝統・文化、歴史的な地名などの喪失を挙げるに至った(平成の合併一九~二五頁)。

そこで、同省は、「市町村合併による行財政基盤の強化のほか、共同処理方式による周辺市町村間での広域連携や都道府県による補完などの多様な選択肢を用意した上で、それぞれの市町村がこれらの中から最も適した仕組みを自ら選択できるようにする必要がある」と指摘し、市町村合併の代わりに、「これらの地方自治制度上の仕組みに加え、中心市と周辺市町村が締結する協定に基づく市町村間の新たな連携の取組としての定住自立圏構想をはじめとする地域活性化施策を積極的に活用することで、それぞれの市町村が基礎自治体としての役割を適切に果たすことが求められる」(平成の合併三三~三四頁)として、市町村合併から市町村間の連携へと政策を転轍した。

さて、同様に、第三〇次地方制度調査会(二〇一一年~二〇一三年。以下「第三〇次地制調」)も、同調査会答申「大都市制度の改革及び基礎自治体の行政サービス提供体制に関する答申」(以下「第三〇次地制調答申(4)」)において、「今後の基礎自治体の行政サービス提供体制については、自主的な市町村合併や市町村間の広域連携、都道府県による補完などの多様な手法の中でそれぞれの市町村が最も適したものを自ら選択できるようにしていくことが必要である」との認識を示した(第三〇次地制調答申五頁)。そして、同地制調は、人口減少社会にあっても基礎自治体のサービスを持続可能な形で提供するための方策として、全国をいわゆる三大都市圏とそれ以外の地方圏に二分し、それぞれの地域において以下のような自治体間の連携を通じて必要な行政サービスを提供することを提案した（第三〇次地制調答申一八～一九頁）。

大都市圏については、急速な高齢化と公共施設の老朽化・更新という問題に焦点を合わせて、同程度の規模・能力がある都市の間で水平・相互補完的、双務的な役割分担を図る。連携の具体的な例として、公共施設や介護保険施設の相互利用が念頭に置かれている。

三大都市圏以外の地方圏については、①地方中枢拠点都市（指定都市、中核市、特例市のうち地域の中枢的な役割を果たすべき都市）を核に、産業振興、雇用確保、広域観光、高度救急医療、介護、障害者福祉、広域防災、人材育成等の分野において、都市機能の「集約とネットワーク化」を図り、②地方中枢拠点都市を核とする圏域以外で定住自立圏施策の対象となりうる地域においては、定住自立圏の取組を一層促進する。

そして、地方中枢拠点都市や定住自立圏の中心市から相当距離がある等の理由から市町村間の広域連携を通じては課題の解決が難しいときには、当該市町村を包括する都道府県が事務の一部を市町村に代わって処理する役割を担う。

こうして、市町村合併に代わって、自治体間連携が行政サービスの提供の政策手段に位置づけられたのである。

そこで、本報告では、市町村合併に代わって登場した自治体間連携の法的な仕組みを団体自治および住民自治の観点から評価するとともに、この仕組みが現在進行している地方創生政策の下でどのように機能する可能性があるのかを検討することとする。

一　自治体間連携の法的仕組み

さて、上記の第三〇次地制調答申に基づいて、二〇一四年に地方自治法の一部が改正され（平成二六年法律第四二号）、地方自治制度に、「連携協約」を締結できる仕組み（自治二五二条の二）が導入されるとともに、都道府県が当該区域にある小規模な市町村の一部を代行することができるようにするために、事務の代替執行制度（自治二五二条の一六の二）が創設された。

1　連携協約の制度の特色

ところで、第三〇次地制調答申は、人口減少・少子高齢社会において市町村間の広域連携は有効な選択肢であるところ、これを推進するために市町村には従前の事務の共同処理の方式を積極的に活用させたいにかかわらず、従前の制度は使い勝手が悪いとの指摘があるので、それよりも使い勝手の良い広域連携の制度を設けるとしている（第三〇次地制調答申一七頁）。まずは、ここに連携協約制度の創設の目的があるといえよう。

それでは、連携協約制度は、従前の事務の共同処理の方式―一部事務組合および広域連合、協議会、機関等の共同設置―とはどう異なるであろうか。

①連携の内容に制限がない。

地方自治法は、従前の事務の共同処理の制度と異なり、連携協約の記載事項に関する詳細な定めを置いていない。連携協約が「柔軟な連携」を可能とすることを目的としていることから、地域の実情に応じた柔軟な活用が可能となるよう、連携協約に関する規定はできる限り簡素なものとすべく努力

したからだと説明されている。(5)

②連携協約に定める事務を管理・執行する機関がない。

連携協約は、前述の通り、連携して処理する事務を処理する義務を負っているのは関係自治体であるから、一部事務組合・広域連合、協議会・機関の共同設置のように、関係自治体とは別に事務を共同処理するための団体または機関を設ける必要がない。その意味で迅速に処理される。また、機関の共同設置のように、中心的な役割を果たす自治体に負担が集中するわけではない。

③連携の効果は、抽象的であって、事務処理の方法を具体的に規律するものではない。

連携協約を締結した自治体は、当該連携協約に基づいて、当該連携協約を締結した他の自治体と連携して事務を処理するに当たって、当該自治体が分担すべき役割を果たすべき必要な措置を執る義務を負う。ここでいう必要な措置とは、各種事務を遂行するために、民法上の請負契約を締結したり、関係条例を制定したりするほか、事務の委託等の規約を定めることなどが想定されている。(6) すなわち、連携協約は、連携自治体の施策を相互に拘束はするが、各種の事務処理の内容・方法を具体的に規律するものではない。

④連携協約制度に固有の特別な紛争解決の仕組みがある。

従前の事務の共同処理の制度においても、同制度の運用に関し紛争が生じたときは、当事者である自治体は、自治紛争処理委員の調停に付すことができるが、当事者が受諾しない限り、調停案には拘束力はなかった（自治二五一条の二第三項・第七項）。しかし、連携協約にかかる紛争において提示される自治紛争処理委員の紛争処理の方針については、当事者は尊重して必要な措置を執る義務を負う（自治二五一条の三の二第六項）という意味で拘束力があるといえる。

この結果として、首長の交代等があっても、自治体間で安定的、継続的に連携することが可能となる。

なお、従前の広域連携の制度と共通の仕組みが連携協約にも設けられている。それは、⑤連携にかかる合意には議会の議決が必要とされること（自治二五二条の二第三項）、⑥総務大臣および都道府県知事は連携協約の締結に関与することができること（自治二五二条の二第五項）、である。

2　事務の代替執行制度の仕組み

事務の代替執行制度とは、自治体が、他の自治体の求めに応じて当該他の自治体の事務の一部を当該他の自治体の執行機関の名において管理・執行することができるとする制度である。事務の代行の制度については、従前より事務の委託制度がある（自治二五二条の一四）。しかし、事務の委託においては、受託する自治体が当該事務の処理をする体制を備えていなければならなかったので、市町村が都道府県に事務を委託することはできなかった。そこで、「都道府県が事務の一部を市町村に代わって処理することができるようにすべきである」（第三〇次地制調答申一七頁）との要請に応えて、その制約を取り除いた制度として、事務の代替執行制度が設けられたのである。事務の代替執行制度では、代行を求めた他の自治体の執行機関が管理・執行したものとして効力が生じることが前提とされているので、代行自治体は、代行を求めた他の自治体の処理基準で事務を処理することになる（自治二五二条の一六の四）。この点が、事務の代替執行が、委託した自治体が当該事務について権限を失うことになる従前の事務の委託と異なるところである。

なお、事務の代替執行の制度の活用は、都道府県と市町村との間だけでなく、市町村間も予定されている。代替執行の例としては、村道の維持管理の事務を県が代替執行する例、村の住民の介護認定の事務を近隣の市が代替執行する例が挙げられている(7)。

3　小　活

広域連携政策が自治体に対して発しているメッセージは、広域連携は、国は市町村に合併を求めたり、小規模自治体の自治権を剝奪しようとしたりするというものではないというものである。

自らの行財政能力では行政サービスを維持したり、区域内の産業の水準を維持したり、新たに産業政策を展開しようとしたりすることが難しいのであれば、他の市町村または都道府県との連携を求めることになるが、それはあくまでも自治体の主体的な選択に基づくものである。その点では、団体自治の要請に応えている。しかし、総務大臣および都道府県知事には、「公益上必要があると認める場合においては」関係自治体に対し連携協約を締結すべき旨の勧告権が認められている。また、連携協約に関する自治体間の紛争は、自治紛争処理委員による処理に委ねられ、その紛争処理の方針には強い拘束性があり、団体自治を制約するおそれがある。

連携協約の締結等に際しては、関係自治体は議会の議決を経なければならないという点では、住民自治の要請に応えている。しかし、連携の対象となった事務について、他の自治体がもっぱらこれを担うことになった場合に、事務委託の方法をとる場合は別として、当該事務の処理の内容や方法は当該自治体が決定することになる。そうすると、当該事務を担当しない自治体の住民の意思は直接には反映されないことになり、住民自治が及ばない領域が生まれることになる(8)。

事務の代替執行については、事務の代替執行を求める自治体に当該事務の処理権限は残され、当該自治体の定める基準が適用されるから、議会は代替執行されている事務の処理状況を審査することができる。工夫次第では、事務の代替執行の制度について代行を求めた自治体による団体自治・住民自治が及ぶ余地が十分にある。(9)とはいえ、事務の代替執行の制度は、規模および性質において代替執行を求める自治体が処理できない事務を他の自治体が補完するものであるから、代替執行する自治体の専門的技術的能力に着眼して活用されるべきものである。自治体の存立に不可欠な事務は代替執行の対象とすべきではなかろう。(10)

二　地方創生政策の下における自治体間連携

1　地方創生政策

まち・ひと・しごと創生（以下「地方創生」）の政策の背景は、「まち・ひと・しごと創生法」（平成二六年法律一三六号。以下「地方創生法」）自体が明示しているように、人口減少問題への対応である。地方創生法に基づいて政府が作成した「まち・ひと・しごと創生長期ビジョン」（二〇一六年一二月二七日閣議決定。以下「長期ビジョン」(11)）は、二〇五〇年代においてもＧＤＰ実質成長率一・五〜二％を維持するために人口が一億人程度必要という考え方を示している（長期ビジョン一三頁）。このような成長戦略の要にあるのは、あいかわらず「東京」である。長期ビジョンは、「これまで東京圏は、国内の人材や資源を吸収しながら、日本の成長のエンジンとしての役割を果たしてきた。その重要性は変わらないが、今後は日本のみならず世界をリードする『国際都市』として、ますます発展していくことが強く期待される」としている（長期ビジョン一二頁）。すなわち、「地方創生」とは、国際都市、東京の維持に資するものとして設定されているのである。

地方創生法に基づいて国が作成した「まち・ひと・しごと総合戦略」(二〇一四年一二月二七日閣議決定。以下「総合戦略[12]」)では、「地方では、人口の流出に歯止めがかかっていない一方、生活の利便性の低下、地域経済の縮小等が問題となっており、活力ある経済・生活圏の形成のための地域連携が課題となっている」との認識に基づいて、「まちの創生」の政策パッケージの一つとして、「地域連携による経済・生活圏の形成」が掲げられている。そこでは、経済成長のけん引などの機能を備えた「新たな都市圏」として「連携中枢都市圏」の形成、人口のダム機能として期待されている「定住自立圏」の形成促進が具体的な施策として挙げられている(総合戦略五二〜五三頁)。これは出生率が比較的高い地方で人口を確保し、有用な人材の東京への流入を維持するためのものである[13]。地方創生は、地方分権改革の当初において喧伝されていた、いわゆる「東京への一極集中の排除[14]」をめざすものでは必ずしもない。

2　地方創生政策としての連携中枢都市圏構想

前述の通り、地方創生政策では「連携中枢都市圏」が「新しい都市圏」として措定されている。「連携中枢都市圏」という用語は、前出の総合戦略において、地域間の連携を推進するために新たに設定された都市圏概念である(総合戦略九頁)。第三〇次地制調答申では「地方中枢拠点都市を核とする圏域」といった用語が広域連携の手法として用いられていた。この用語が設定されたのは、地方中枢拠点都市を核とする圏域が、国土交通省において国土形成計画の改訂準備のために作成した「国土のグランドデザイン二〇五〇〜対流促進型国土の形成〜」(以下「グランドデザイン[15]」)において用いている「高次都市連合」といった概念や経済産業省の提唱する「都市雇用圏」といった概念と圏域的に重複するにもかかわらず、それぞれが内容において異なるために、政府の政策として統一を図ることが必要だと考えられたからである(16)。

総合戦略と同時に決定された「付属文書アクションプラン（個別施策工程表）」によれば、連携中枢都市圏の目的は、「地域において、相当の規模と中核性を備える圏域において市町村が連携し、コンパクト化とネットワーク化により『経済成長の牽引』、『高次都市機能の集積・強化』及び『生活関連機能サービスの向上』を行うことにより、人口減少・少子高齢社会においても一定の圏域人口を有し活力ある社会経済を維持するための拠点」となることである（アクションプラン七八頁）。これを承けて、総務省は、二〇一五年一月二八日に従来の「地方中枢拠点都市圏構想推進要綱」（二〇一四年八月二五日制定）を改正して、連携中枢都市圏要綱を新たに定めた(17)。

他方で、グランドデザインは、「中山間地域から大都市に至るまで、コンパクト＋ネットワークにより新たな活力の集積を図り、それらが重層的に重なる国土を形成する」とし、「小さな拠点」への集積と、「小さな拠点」と周辺集落とのネットワーク、「コンパクトシティ」への集積とコンパクトシティと周辺市町村と連携、「高次地方都市連合」という地方都市間の広域ネットワークによる、国土の重層化を目指すとしている（グランドデザイン一九〜二〇頁）。このうち「高次地方都市連合」とは、生活の拠点となる人口一〇万人以上の都市からなる複数の都市圏が、高速交通ネットワーク等により相互に一時間圏内となることによって一体となって形成される概ね人口三〇万人以上の都市圏で、行政機能のみならず民間企業や大学、病院等も含め、地方都市が相互に各種高次都市機能を分担し連携することが期待されている（グランドデザイン二〇頁）。

概念の統合により、総務省における行政機能・民間機能の「集約とネットワーク化」と国土交通省における都市施設や公共交通機関といったインフラの「コンパクト＋ネットワーク」との融合が図られ、連携中枢都市圏要綱でもキーワードである「集約とネットワーク化」が「コンパクト化とネットワーク化」に変更された。

これに対して、「定住自立圏」という用語は、「地方創生」の政策の一環としてではなく、「平成の合併」の「反省」から創出されたものであることは前述した通りである。総務省は、二〇〇九年に定住自立圏要綱を制定し、予算措置も行い、定住自立圏の形成を促す政策を展開してきた。定住自立圏構想研究会の報告書「定住自立圏構想研究会報告書～住みたいまちで暮らせる日本」（二〇〇八年五月一五日）(18)は、定住自立圏の中心市となることができる市として、「基本的な機能については人口五万人、高次な都市的機能については人口三〇万人が一つの目安となる」としており（報告書八頁）、小規模の市町村に定住自立圏の形成を限定するものではなかった。

ところが、二〇一三年三月に、総務省から出向した副市長を擁する姫路市が、人口五〇万人以上の政令指定都市や中核市（新潟市・浜松市〔オブザーバー〕・熊本市・宇都宮市・東大阪市・松山市）に呼びかけて中枢拠点都市研究会を設置し、その年の五月に、全国市長会を通じて国に同都市制度の創設と財政措置を要望したことを契機として、翌六月に、第三〇次地方制度調査会は、前出の第三〇次地制調答申において、三大都市圏以外の地方圏において整備されるべき連携として、「地方中枢拠点都市」を核にした自治体間連携を提唱し、そのツールとして連携協約の制度を提案したのである(19)。

地方中枢拠点都市圏概念は、さらに「基礎自治体による行政サービス提供に関する研究会」（二〇一三年七月～二〇一四年一月）の検討において総務省の政策ツールとして成熟した。同研究会の報告書「基礎自治体による行政サービス提供に関する研究会報告書」（二〇一四年一月。以下「行政サービス研究会報告書」[20])は、地方中枢拠点都市が担うべき三つの役割――①圏域全体の経済成長のけん引、②高次の都市機能の集積、③圏域全体の生活関連機能サービスの向上――を定式化した（行政サービス研究会報告書八頁）。そして、総務省は、政令指定都市または新・中核市（人口二〇万人以上）であって、昼間人口を夜間人口で除して得た数値がおおむね一以上であるといった条件を満たす六一の都市を地方中枢拠点都市の候補とすることを念頭においたうえで、二〇一四年度にパイロット事業として、「新たな広域連携モデル構築事業」の委託の公募を行い、二〇一四年六月に、地方中枢拠点都市モデル事業として九地域を選ぶに至った[21]。

定住自立圏構想とは区別された、新しい都市圏構想が必要とされた理由は、ひとつには、相当の人口規模と中核性を備える中心都市では、定住自立圏の取組みが進んでいないというところにある。その背景として、前出の行政サービス研究会報告書は、合併により誕生した都市においては、その内部で行政サービスが完結していること、大規模な都市にとっては財政措置の魅力が相対的に乏しいことなどを指摘している（行政サービス研究会報告書五頁）。それはともかくなおさず、中心市が当該圏域の経済成長のけん引力として位置付けられていない定住自立圏構想は、第二次安倍政権の成長戦略を地方に波及させる政策である「ローカル・アベノミクス」（「経済財政運営と改革の基本方針二〇一四について」〔二〇一四年六月二四日閣議決定〕四頁）のツールとしての魅力に乏しいことを意味する[22]。

3　連携中枢都市圏への「選択と集中」

それでは、連携中枢都市圏を形成すると、圏域の市町村にはどのようなメリットがあるのであろうか。

まず、連携中枢都市圏を形成すると、財政的に優遇される。

「連携中枢都市圏構想の推進に向けた総務省の財政措置の概要」によると、連携中枢都市には、①「経済成長のけん引」および「高次都市機能の集積・強化」の取組みに対して、圏域人口に応じて算定した金額（圏域人口七五万の場合、約二億円）が普通交付税として措置され、②「生活関連機能サービスの向上」の取組みに対して、一市当たり年間一・二億円程度を基本として、圏域内の連携市町村の人口・面積および連携市町村数から上限額を設定の上、事業費を勘案して算定した金額が特別交付税として措置される。連携市町村には、「生活関連機能サービスの向上」の取組みに加え、「経済成長のけん引」および「高次都市機能の集積・強化」に資する取組みに対して、一市町村当たり年間一、五〇〇万円を上限として、当該市町村の事業費を勘案して算定した金額が特別交付税として措置される。

また、産業振興、医療サービスの向上、ICTの効果的活用などの取組みを進めるため、圏域外から専門性を有する民間または行政分野の人材を確保し、活用する場合には、その経費に対して、特別交付税が措置される（圏域構成市町村当たり年間七〇〇万円を上限とし、最大三年間の措置）。

さらに、病診連携、夜間休日医療、遠隔医療等により地域の医療提供体制の確保に取り組む市町村に対し、特別交付税が措置され（圏域の中核的病院と位置づけられた市町村立病院または民間病院を中心とした取組みに関する市町村の負担金への特別交付税措置〔八〇%、上限八〇〇〇万円〕）、へき地における遠隔医療に対する財政措置の拡充（特別交付税）の取組みの一環として、へき地保健医療事業実施計画に基づき遠隔医療の取組を行う市町村に対して遠隔医療システム運営に要する経費への特別交付税措置が拡充される（六〇%から八〇%へ）。連携中枢都市圏の形成により、辺地度点数の積算に当たって、近傍の市役所等に代えて連携中枢都市までの距離を算定することを可能とすることとされている。(23)

以上のような財政的措置とは別に、連携中枢都市圏を形成した場合には、「地域再生法の一部を改正する法律」（平成二六年法律第一二八号。以下「改正地域再生法」）を利用して、連携中枢都市は自らの役割である「圏域全体の経済成長のけん引」と「高次の都市機能の集積・強化」を効果的かつ効率的に進めることができるようになる。

まず、改正により同法は地域再生計画に関係づけられる事業を拡大しているために、同法の適用を受けようとする地方公共団体は、地域再生計画の認定を受けることで、当該計画と一緒に申請された中心市街地活性化基本計画（中心市街地活性化法）、構造改革特別区域計画（構造改革特区法）および産業集積形成等基本計画（地域産業集積活性化法）の効力をも同時に手に入れることができる（改正地域再生法五条四項五～七号、法一七条の五～一七条の七）。

つぎに、地方公共団体は、地域再生計画の申請と同時に、都市再生整備計画（都市再生特別措置法）、立地適正化計画（都市再生特別措置法）、地域住宅計画（公的賃貸住宅等整備特別措置法）、農村漁村活性化計画（定住・地域間交流促進法）、広域的地域活性化基盤整備計画（広域的地域活性化基盤整備法）、地域公共交通網形成計画（地域公共交通活性化再生法）および観光圏整備計画（観光圏整備法）も一括提出することができる（改正地域再生法六条の二・別表）。

さらに、地域再生計画の認定を受けた団体（「認定地方公共団体」）は、農地転用許可の特例が適用されることとなっている（法一七条の二～一七条の四）。

連携中枢都市と連携市町村が共同して地域再生計画を作成すると、改正地域再生法のワンストップ手続を利用して、連携中枢都市圏内において、企業誘致とインフラ整備、コンパクトシティ化と公共交通機関によるネットワーク化、農業の六次産業化を政策パッケージとして推進することができるわけである。

かくして連携中枢都市・連携中枢都市圏の概念は、「（国の作成する）総合戦略に掲げられた事業に国が財政資金をつけていくという壮大な公共事業を全国に展開する、しかも中枢拠点都市〔連携中枢都市――筆者注〕に資金が投下されるという図式[24]」として構築されているのである。

三　連携中枢都市圏による圏域形成と道州制への道程

1　圏域形成型自治体間連携としての連携中枢都市

連携協約制度は、従前の広域行政圏を念頭においた広域連携を目指したものではなく、多方向的で多層的な自治体間の連携を想定したものであると説明されている[25]。たしかに、連携協約制度の創設の契機となった地方中枢拠点都市圏構想、あらため連携中枢都市圏構想でも、近隣自治体は連携中枢都市と連携中枢都市圏形成連携協約を締結したとしても、すでに締結している定住自立圏形成協定を破棄することを義務付けられてはいない。また、総務省が作成した「連携中枢都市圏構想推進要綱」（以下「推進要綱」）でも連携中枢都市圏構想は合併に至るものではないことも また強調されている[26]。

しかし、推進要綱では、その資格を有する市は指定都市および中核市でなければならないと特定されており（推進要綱三頁）、かつ、連携中枢都市が連携することが望ましいとされる近隣の市町村は、連携中枢都市への通勤通学割合が〇・一以上であることが要件とされている（推進要綱四頁）。それらの市町村を地図上に落とせば形成されるべき一定の圏域は自ずと明らかになる。しかも、連携中枢都市は、連携中枢都市宣言書を作成するに際しては、当該市町村の意向に十分に配慮するとしても、上記要件を充たす市町村の同意を要することなく宣言書に当該市町村名を記載することができる。そして、そのような事情にありながらも連携を選択しない自治体に対しては、前述の通り、都道府県知事が「公益上必要ある場合」に当たるとして勧告をすることができるのである。

2 「自発的」合併と道州制への道程としての連携中枢都市圏構想

連携中枢都市圏構想は、定住自立圏構想のように自治体間の平等な関係を前提とした機能分担を許容する連携ではなく、連携中枢都市による「経済成長のけん引」とそこへの「高次都市機能の集積・強化」を目指す、自治体間の差別的な機能分担である。連携中枢都市圏においては連携中枢都市へのひと、もの、しごとの集積が促進され、連携した市町村の役割は生活関連機能に限定される結果、連携中枢都市圏の周辺地域の空洞化が進行するおそれがある。圏域における空洞化の進行と連携中枢都市に集積した富の再配分の要求は、圏域をあらたなる合併に誘うものとなろう。

政権与党である自由民主党は、二〇一四年総選挙の公約にみるように、基礎自治体の機能強化が道州制導入のための条件整備であるとしている。政治的文脈においては、現在もなお平成の合併の論拠となった基礎自治体論＝総合行政主体論は放棄されていないと見るべきであろう。その脈絡に連携中枢都市圏構想を置くならば、「地方創生」は、「自治体間連携」という迂回路を通じて、国民が都道府県の廃止、広域自治体としての道州を当然のものとして受け入れる条件である広域的な基礎自治体を作り出す契機を有する政策といえる(27)。

伊藤正次は、「一九五〇年代以降の日本の自治制度は、市町村レベルでは『合併から連携へ』、『連携から合併へ』というサイクルを繰り返してきた」とする。そして、「『連携』と『合併』の間で反復を繰り返してきた戦後自治制度の歴史を踏まえるならば、やがて自治体間連携の時代は終わり、いつか再び

『連携から合併へ』の転換が始まるかもしれない」と自問し、「しかしそれは、人口減少が極限まで進行し、地方が『消滅』して日本の地域社会が未来を失うときではないか」と自答する。[28] すなわち、自治体間連携がうまく進む限りは、「連携から合併へ」の転換は起きないということであろう。しかし、差別的な自治体間連携が合併を誘うとすれば、それは不幸な弁証法的帰結といえよう。

おわりに

日本社会は人口減少期に入っており、現在の行財政構造を前提とすると、市町村が従前どおりの行政サービスを維持することが困難となりつつあることは否定できない。しかし、集約を目指した広域的な連携を通じた行政サービスの提供および水準の維持を図る途を直ちに選択するのではなく、地域にある行政資源の再活用、たとえば住民参加による公共施設の多機能化、などを通じた地域づくりや地域内再投資力を強化することに基礎におくべきであって、それを補完するために基礎自治体が当該区域内の連携を進め、それを都道府県が補完するといった、市町村と都道府県からなる地方自治の二層性の機能回復を図ることが重要である。[29] 少なくとも、差別的な機能分担となる水平的連携を行うべきではない。

注

（1）参照、山﨑重孝「新しい『基礎自治体』像について（下）」自治研究八一巻一号（二〇〇五年）六二～六三頁。なお、総合行政主体の概念を公式に定立したのは、第二七次地方制度調査会（二〇〇一年～二〇〇三年）が内閣総理大臣に提出した「今後の地方自治制度のあり方に関する答申」（二〇〇三年一一月一三日）である。そこでは、「〔基礎自治体優先の原則を実現するためには―筆者〕、今後の基礎自治体は、住民に最も身近な総合的な行政主体として、これまで以上に自主性の高い行政主体となることが必要であり、これにふさわしい十分な権限と財政基盤を有し、高度化する行政事務に的確に対処できる専門的な職種を含む職員集団を有するものとする必要がある」とされ、「一般的には、基礎自治体の規模・能力はさらに充実強化することが望ましい」とされた。

（2）参照、全国町村会「町村の実態に関する改善方策等について」（平成二〇年九月）。同意見書は、次のサイトで閲覧可能。http://www.zck.or.jp/activities/200925/0925-youbou.pdf

（3）同報告書は、次のサイトで閲覧可能。http://www.gappei-archive.soumu.go.jp/heiseinogappei.pdf

（4）同答申は、次のサイトで閲覧可能。http://www.soumu.go.jp/main_content/000403632.pdf

（5）参照、寺田雅一＝浦上哲朗「地方自治法の一部を改正する法律について（上）」地方自治八〇一号（二〇一四年）四一頁。

（6）参照、寺田＝浦上・前掲注（5）四一頁。

（7）参照、寺田＝浦上・前掲注（5）四六〜四七頁。

（8）伊藤正次は、政策分野ごとに多様な連携関係が展開される状況は、意思決定の焦点を曖昧化・複雑化し、結果として個別自治体レベルにおけるアカウンタビリティが十分確保されない事態を生みだしてしまうと危惧する。参照、伊藤正次「自治と連携―自治体間連携の理論的基礎に関する一考察」地方自治八一七号（二〇一五年）一五頁。このような状況に対し、江藤俊昭は、自治体の範囲を超えた住民間ネットワーク、議会・議員間ネットワークの構築の必要性を説く。参照、江藤俊昭「基礎自治体の変容―住民自治の拡充の視点から自治体間連携・補完を考える―」日本地方自治学会編『基礎自治体と地方自治〈地方自治叢書27〉』（敬文堂、二〇一五年）七五頁。

（9）もっとも、今川晃は、都道府県による事務の代替補完が小規模自治体の主体性を喪失させる可能性があることを危惧し、「環境が類似した市町村間の水平的補完関係を構築する方が先決かもしれない」と指摘する。参

照、今川晃「広域連合、定住自立圏、そして連携協約～小規模自治体の道」地方自治職員研修四七巻九号（二〇一四年）二〇頁。

（10）宇賀克也は、住民基本台帳、戸籍、長・議員の選挙等は市町村の存立に不可欠な事務であり、都道府県との連携の対象とするにふさわしくないとする。参照、宇賀克也「二〇一四年地方自治法改正の意義と課題」自治実務セミナー六三〇号（二〇一四年）七頁。

（11）同ビジョンは、次のサイトで閲覧可能。http://www.kantei.go.jp/jp/singi/sousei/pdf/20141227siryou3.pdf

（12）同総合戦略は、次のサイトで閲覧可能。http://www.kantei.go.jp/jp/singi/sousei/pdf/20141227siryou5.pdf

（13）平岡和久は、地方創生政策を採用した背景として、①地方の公共部門の効率化、とりわけ人口減少社会における公共施設の老朽化・更新問題への対応の必要性、②東京圏における高齢者・単身者の増加による経済成長へのマイナスの影響への懸念、③二〇一五年春の統一地方選を意識した地方へアベノミクスを波及させる必要性、および④「大国化」にとっての人口維持政策の重要性を政府が認識したことを挙げる。参照、平岡和久『地方創生』と二〇一五年度地方財政～地方財政計画および補正予算を中心として」自治と分権五九号（二〇一五年）二六頁。

（14）参照、「地方分権の推進に関する決議」（一九九三年六月三日衆議院）、「地方分権の推進に関する決議」（一九九三年六月四日参議院）。

（15）同プランは、次のサイトで閲覧可能。http://www.mlit.go.jp/kokudoseisaku/kokudoseisaku_tk3_000043.html

（16）参照、松谷朗「『連携中枢都市圏構想』の最新の動きについて」地方自治八一〇号（二〇一五年）七八～八一頁。

(17) 同要綱は、次のサイトで閲覧可能。http://www.soumu.go.jp/main_content/000472973.pdf

(18) 同報告書は、次のサイトで閲覧可能。http://www.soumu.go.jp/main_sosiki/kenkyu/teizyu/080516_1.html

(19) 参照、姫路市「連携中枢都市圏構想について」http://www.city.himeji.lg.jp/var/rev0/0091/9535/2014423204719.pdf

(20) 同報告書は、次のサイトで閲覧可能。http://www.soumu.go.jp/main_content/000273899.pdf

(21) 参照、総務省「新たな広域連携モデル構築事業の委託に関する提案募集に対するモデル団体の決定」(二〇一四年六月二七日)。http://www.soumu.go.jp/menu_news/s-news/01gyosei03_02000023.html

(22) その他に、定住自立圏形成協定が全くの市町村の自発的な合意に基づくものであって、地方自治法制には根拠がない連携であることから国が地域政策として市町村に対し強く勧めることができなかったり、議会の議決を要しないことから協定の実効性を確保することに困難があったりするところに、政策ツールとしての「弱点」があることに求められよう。参照、拙稿「自治体間の広域連携と連携協約制度―連携協約を『条約』に擬える意味―」龍谷法学四八巻一号二三八頁。

(23) 本文で紹介した財政措置の内容は、二〇一五年一月当時の「連携中枢都市圏構想の推進に向けた総務省の財政措置の概要」に基づいたものである。http://www.soumu.go.jp/main_content/000337016.pdf

(24) 辻山幸宣「地方創生と地域協約」自治日報三七六五号一面(二〇一四年)。

(25) 参照、松本英昭「地域の広域連携について」地方議会人四五巻三号(二〇一四年)七頁。

(26) 参照、「連携中枢都市圏構想推進要綱」(平成二六年八月二五日〔総行市第二〇〇号〕制定、平成二七年一月二八日〔総行市第四号〕一部改正)二頁。さらに参照、小宮大一郎「連携中枢都市圏構想―構想を推進するに当たっての論点」地方自治八一二号(二〇一五年)六頁。

(27) 三菱総合研究所は、地方中枢都市圏を成長都市圏と性格付け、これを将来的には自治体の管轄単位とも一致させていくべきであり、道州制に向け、受け皿となる強い自治体を作っていく必要があると提言する。参照、三菱総合研究所「未来社会提言研究レポート『地方創生』報告書」（二〇一五年）六八頁。同報告書は、次のサイトで閲覧可能。http://www.mri.co.jp/news/press/teigen/018722.html

(28) 参照、伊藤正次「自治体間連携の時代？―歴史的文脈を解きほぐす」都市問題一〇六巻二号（二〇一五年）五五～五六頁。

(29) 参照、村上博「広域連携の問題点と課題―連携中枢都市圏は道州制の布石」自治と分権六一号（二〇一五年）四九頁。森裕之は、都道府県に求められる矜持は基礎自治体を軸に据えながら各地域で営まれる住民生活を徹底補完することであり、「総合戦略」に描かれているような国からの方針を基礎自治体に貫かせることではないと指摘する。参照、森裕之「都道府県による垂直補完の課題」都市問題一〇六巻二号七三頁。

〔付記〕

本報告は、二〇一五年に発表した次の二本の論稿を組みなおしたものである。

拙稿「『地方創生』と連携中枢都市圏構想」自治と分権五九号（二〇一五年）四二～五二頁

拙稿「自治体間の広域連携と連携協約制度」龍谷法学四八巻一号（二〇一五年）二一九～二四六頁

〔補遺〕

総務省の調べによれば、二〇一八年四月一日現在、連携中枢都市宣言を行った市の数は三〇市、連携中枢都市圏を形成した圏域の数は二八圏域、連携中枢都市圏域を構成する市町村数はのべ二五三市町村にのぼる。http://www.soumu.go.jp/main_content/000543289.pdf

連携中枢都市圏要綱は、二〇一六年四月一日に一部改正され（総行市第三一号）さらに、二〇一七年一二月二七日に一部改正されている（総行市第七七号）。また、連携中枢都市圏への財政措置の内容は、二〇一六年四月一日付で総務省自治行政局市町村課が都道府県市町村担当課・指定都市企画担当課宛に発した事務連絡で示されている。http://www.soumu.go.jp/main_content/000472974.pdf

なお、本報告後からの情勢の変化を踏まえて、次の論稿を公表している。

拙稿「連携中枢都市圏構想からみえてくる自治体間連携のあり方」住民と自治六三六号（二〇一六年）八〜一二頁

（ほんだ　たきお・行政法）

Ⅱ　自治体公務労働の環境変化

1　地方公務員の権利・義務の変容

——橋下大阪市長による職員・組合「攻撃」——

山下竜一
（北海道大学）

はじめに

橋下徹は、二〇一一年一一月二七日の大阪市長選挙で、現職の平松邦夫に大差をつけて当選する（橋下七五〇，八一三票、平松五二二，六四一票）。ここから橋下市政が始まる。そして、二〇一五年五月一七日、橋下が実現しようとした大阪都構想の賛否を問う住民投票が行われた。その結果、反対票（七〇五，五八五票）が賛成票（六九四，八四四票）を上回り、橋下の目論見が外れる。同年一二月、橋下は市長を退任し、四年にわたる橋下市政は終わりを告げた（以下では、便宜上、橋下市長と呼ぶことにする。）。

この四年間、橋下市長は大阪都構想以外にも様々な政策を打ち出していったが、その一つが、大阪市職員・組合への「攻撃」であった。大阪市が行った具体的な措置としては次のようなものがある。

二〇一二年二月一〇日～一六日

市職員に対して労使関係アンケート調査を実施

同年二月二〇日

大阪市労働組合連合会（以下、「市労連」という。）等が、組合事務所として使用していた市庁舎の使用部分につき、使用期間を二〇一二年四月一日からの一年間として、行政財産の許可申請をしたところ、不許可処分がなされる。

同日

大阪市役所労働組合及び大阪市役所労働組合連合（以下、両者をあわせて「市労組連等」という。）が、組合事務所として使用していた市庁舎の使用部分につき、使用期間を二〇一二年四月一日からの一年間として、行政財産の許可申請をしたところ、不許可がなされる。

同年五月一日〜一〇日

市職員に対して入れ墨調査を実施

同年五月二八日

「大阪市職員基本条例」を制定

同年七月三〇日

「大阪市労使関係に関する条例」（以下、「労使関係条例」という。）及び「職員の政治的行為の制限に関する条例」を制定

同年八月七日

大阪市教職員組合が教育研究集会（以下、「教研集会」という。）の会場として、大阪市立小学校の施設の目的外使用許可の申請をしたところ、不許可処分がなされる。

二〇一三年三月一八日
　市労連及び市労組連等の組合事務所に関し、二度目の不許可処分がなされる。
同年七月八日
　大阪市教職員組合の教研集会の会場に関し、二度目の不許可処分がなされる。
二〇一四年三月一一日
　市労連及び市労組連等の組合事務所に関し、三度目の不許可処分がなされる。

　これらの「攻撃」は大きく、①職員に対するアンケート調査（労使関係アンケート及び入れ墨調査）、②組合への便宜供与の中止（組合事務所の立ち退き請求、教研集会の会場利用の拒否、チェックオフの廃止）、③職員や組合に関する条例制定（「職員基本条例」、「労使関係に関する条例」、「職員の政治的行為の制限に関する条例」）に分かれる。そして、これらの「攻撃」に対し、職員・組合が多くの訴訟を提起した。

　これらの「攻撃」がはらんでいる憲法的及び個別法的問題については、すでに、晴山一穂会員、西谷敏教授、城塚健之弁護士により、詳しい検討が加えられている(1)。ただし、多くの研究は二〇一二年で止まっている。その理由は明らかでないが、二〇一二年以降、議論の焦点が大阪都構想に移ったことがその原因の一つと考えられる。そこで、本稿では、二〇一二年以降の議論、とりわけ、その後出された裁判例を対象として、これらに法的検討を加えることにする(2)。現在まで出された一六判決は以下のとおりである(3)。

【1】大阪地判平成二六年九月一〇日判時二二八二号四三頁（組合事務所の目的外使用不許可処分に関する取消訴訟、国家賠償請求訴訟）

【2】大阪地判平成二六年九月一〇日判時二二六一号一二八頁（組合事務所の目的外使用不許可処分に関する取消訴訟、義務付け訴訟、国家賠償請求訴訟）

【3】大阪地判平成二六年一一月二六日判時二二五九号一一四頁（教研集会の会場の目的外使用不許可処分に関する無効確認訴訟、国家賠償請求訴訟）

【4】大阪地判平成二六年一二月一七日判タ一四二二号二一六頁（労使関係アンケート、入れ墨調査の回答拒否を理由とする戒告処分に対して取消訴訟と国家賠償請求訴訟を提起した。これに対し、提訴の取下げを要求されたので、それを拒否したところ、転任を命じられた。この転任命令に対する取消訴訟、国家賠償請求訴訟）

【5】大阪地判平成二六年一二月一七日判時二二六四号一〇三頁（入れ墨調査の回答拒否を理由とする戒告処分に対する取消訴訟、国家賠償請求訴訟）

【6】大阪地判平成二七年一月二一日裁判所ウェブサイト（労使関係アンケートに関する国家賠償請求訴訟）

【7】大阪地判平成二七年二月一六日裁判所ウェブサイト（入れ墨調査の回答拒否を理由とする戒告処分に対する取消訴訟と国家賠償請求訴訟）

【8】大阪地判平成二七年三月三〇日裁判所ウェブサイト（労使関係アンケートに関する国家賠償請求訴訟）

【9】大阪高判平成二七年六月二日判時二二八二号二八頁（組合事務所問題に関する【1】の控訴審）

【10】大阪高判平成二七年六月一八日裁判所ウェブサイト（労使関係アンケート、入れ墨調査問題に関する【4】の控訴審）
【11】大阪高判平成二七年六月二六日判時二二七八号三二頁（組合事務所問題に関する【2】の控訴審）
【12】大阪高判平成二七年一〇月一三日裁判所ウェブサイト（教研集会問題に関する【3】の控訴審）
【13】大阪高判平成二七年一〇月一五日裁判所ウェブサイト（入れ墨調査問題に関する【7】の控訴審）
【14】大阪高判平成二七年一〇月一五日裁判所ウェブサイト（入れ墨調査問題に関する【5】の控訴審）
【15】大阪高判平成二七年一二月一六日裁判所ウェブサイト（労使関係アンケート問題に関する【6】の控訴審）
【16】大阪高判平成二八年三月二五日【LEX／DB文献番号25542305】（労使関係アンケート問題に関する【8】の控訴審）

内訳は、組合事務所問題に関する四判決（【1】【2】【9】【11】）、教研集会問題に関する二判決（【3】【12】）、労使関係アンケート問題に関する六判決（【4】【6】【8】【10】【15】【16】）、入れ墨調査問題に関する六判決（【4】【5】【7】【10】【13】【14】）となる。

判決の全体的傾向を述べると、第一審判決はいずれも職員・組合の請求を（全部または一部）認容しており、橋下市長に対する厳しい評価がなされているといえる。(4) ところが、控訴審になると、逆に、職員・組合にとって厳しい判決が多くだされている。なぜ、第一審と控訴審でこのような違いが生じたのであろうか。その原因は事実認定の違いを含め様々なものがあると思われるが、以下では、法解釈の違い、具体的には、①裁量審査の判断枠組み、②「労働組合等の組合活動に関する便宜の供与は、行わないものとする。」と定めた労使関係条例一二条に対する評価、③労働組合等を弱体化・無力化する意思・目的に対する評価、④裁量権の逸脱・濫用に関する判断といった論点を中心に検討し、その原因を明らかにしたい。以下では、便宜上、入れ墨調査問題、労使関係アンケート問題、教研集会問題、組合事務所問題の順に検討する。

一　入れ墨調査問題に関する判決（【4】【5】【7】【10】【13】【14】）

入れ墨調査に関わる六判決のうち、ここでは、【5】、【7】、【13】、【14】の四つを取り上げ、第一審判決と控訴審判決を比較したい。

1　事案の概要

二〇一二年二月、〈大阪市児童福祉施設職員が子供たちに入れ墨を見せ、恫喝したにもかかわらず、大阪市が処分せず、公表もしなかった〉（以下、〈…〉とある場合は、引用ではなく要旨を示す。）との新聞報道がなされた。それを受け、同年三月二一日、橋下市長を委員長とする大阪市服務規律刷新プロジェクトチームが設置され、そこで全職員に対して入れ墨の有無を調査するとの方針が決定される。この方針決定に基づき、各部局で本件調査が実施されたが、原告ら（X）が回答を拒否したため、Xに対して所定の日までに回答するよう命じる本件職務命令が出された。しかし、Xがなおも回答を拒否したため、本件職務命令に従わなかったことが地方公務員法二九条一項各号に当たるとして、Xに対し戒告処分がなされた（以下「本件処分」という。）。これに対し、Xは、本件調査は憲法一三条等に違反する違憲・違法な調査であるから、本件調査に回答するよう命じた本件職務命令及び本件処分も違法であるとして、大阪市（Y）に対し、本件処分の取消しと共に、国家賠償を求めた。

2　判決の概要

【5】【7】は、国家賠償請求を棄却したが、取消請求を認容したため、Yが控訴。これに対し、【13】（【7】判決の控訴審）【14】（【5】判決の控訴審）は、取消請求を棄却。

第一審と控訴審で結論が異なった理由は、本件調査が差別情報等の収集を禁止する大阪市個人情報保護条例6条2項に違反するかどうかについて判断が異なったからであり、それが裁判の主要な争点となった。

まず、【5】【7】は、「新聞報道後に寄せられた市民の意見には、その者が反社会的集団に所属しているのか否か、入れ墨をしている部位、当該入れ墨が化粧の一種としてのいわゆるアートメイクの範疇に留まるものなのかなどを区別することなく、入れ墨をしている者は失職させるべきとの意見も寄せられていることに照らすと、入れ墨に対する抵抗感から過剰に反応して不当な差別がされる可能性がある」（【5】）として、特定個人が入れ墨をしているとの情報は、同項にいう「差別情報」にあたるとして、取消請求を認容した。

これに対し、控訴審判決【13】【14】は、「他人に入れ墨を見せられることで不安感や威圧感を持つことは直ちに不当な偏見によるものであるということはできず、入れ墨をしている者に対して、その入れ墨を他人に見せることを状況に応じて制約することは社会的にはおおむね容認されているものといえる。…入れ墨をしていることを理由とする社会的に不当な差別が広く行われていることを示すものはない。」（【14】）と述べ、入れ墨情報は、人種、民族または犯罪歴に関する個人情報と同列の「差別情報」にはあたらないとして、取消請求を棄却した。

3 検 討

ここでは次の点を指摘したい。第一に、本件調査のきっかけが新聞報道であったということである。市がまずやるべきことは、新聞報道が事実であるかどうか確認した上[5]、本件職員にいかなる処分をするかどうかを判断することではないか。しかしながら、橋下市長は、全職員を対象として回答を義務付ける入れ墨調査を実施する。橋下市長は、マスコミや市民の目を引く派手なパフォーマンス（全職員に対する強制調査）を行ったように思われる。

第二に、Xは、そもそも入れ墨をしていない職員である可能性が高いということである[6]。入れ墨をしている職員がそれが明らかになれば不当な差別を受けるおそれがあるとして訴えたわけではない。むしろ、入れ墨をしていない職員が入れ墨をしているのではないかと疑われたこと、しかも、その有無を回答するよう義務付けられたことに対し異議を申し立てたのである。しかし、例えば【5】は「本件調査が入れ墨をしている者のプライバシーを侵害するものとして憲法一三条に反するか否か（傍点は引用者）を判断するに当たっては、他のより制限的でない他の手段が存在しないことまで要するものではなく、本件調査の目的の正当性、調査の必要性及び手段の相当性等を総合考慮して判断するのが相当であ

みて、大いに疑問が残る。(7) そもそも全職員を対象とする強制調査をする必要があったのか、比例原則から問題がある。本件において、入れ墨をしていない者の権利侵害の有無を問題としておらず、問題の立て方自体に疑問がある。」と述べ、

これに関し、労使関係アンケート問題に関する判決も同じ判断枠組みを採用するが、ここでは、より制限的でない他の選択しうる手段の法理（ＬＲＡの法理）を採用したと解しうる判決もある。(8) 例えば、【6】は、Ｙが着手していた管理職を対象とするヒアリング調査や自主的な内部調査の結果を待つことなく全職員を対象とする本件アンケートを実施する必要性は乏しく、また、任意の無記名式アンケートと比べ強制的な記名式アンケートを実施する場合には細心の注意が払われる必要があるから本件アンケートは手法としても相当性を欠くとしている。全職員を対象にした強制的な記名式アンケートである点で、入れ墨調査と労使関係アンケートとで違いはないこと（ただし、入れ墨調査には一部任意調査が含まれている）を考えると、入れ墨調査問題に関する判決は、調査内容の違い（入れ墨と労使関係）を意識しすぎたのではないか。(9)

したがって、入れ墨調査が差別情報の収集にあたるかという問題については、これを肯定しＸの請求を認容した第一審とこれを否定しＸの請求を棄却した控訴審で違いはあるものの、入れ墨をしていない者の権利侵害の有無を問題としていない点、本件調査の目的の正当性、調査の必要性及び手段の相当性をすべて肯定している点で、第一審と控訴審は、同じ問題を抱えている。

二　労使関係アンケート問題に関する判決（【4】【6】【8】【10】【15】【16】）

労使関係アンケート問題に関する六判決のうち、ここでは、【6】、【8】、【15】、【16】を取り上げ、

第一審判決と控訴審判決を比較したい。

1　事案の概要

二〇一二年二月九日、橋下市長は、第三者調査チームが作成した労使関係に関するアンケート（以下、「本件アンケート」という。）を回答するよう義務付ける職務命令を発令した（調査期間は二月一〇日から一六日）。これに対し、労働組合等は、本件アンケートの実施が支配介入の不当労働行為に該当するとして、大阪府労働委員会（府労委）に救済の申立てをすると共に、審査の実効確保の措置を申し立てた。同年二月二二日、府労委は、審査の実効確保の措置として本件アンケートの続行を差し控えるよう勧告する。一方、市は、同年二月一七日、不当労働行為の救済及び審査の実効確保の措置の申立てがされたことを受けて、本件アンケートに対する回答の開封及び集計作業を凍結する。さらに、同年四月六日、市は、本件アンケートの回答を開封することなく廃棄した。これに対し、職員や労働組合（X）が本件アンケートは、原告らの思想・良心の自由、プライバシー、政治活動の自由、団結権等を侵害する違憲違法なものであるとして、国家賠償を求めた。

ここで、質問内容の一部を紹介しておこう。設問は二二あり、各設問における質問内容は次のようなものである。

Q6　労働条件に関する組合活動への参加の有無等
Q7　特定の政治家を応援する活動への参加の有無等
Q9　紹介カード（特定の選挙候補者陣営への提供を目的として、知人・親戚などの情報を提供するためのカード）の配布を受けた事実の有無等

Q16　労働組合加入の有無等
Q21　組合費がどのように使われているか知っているか等

2　判決の概要

すべての判決が国家賠償請求を認容。

すべての判決の共通点として注目されるのは、第一に、入れ墨調査問題に関する判決とは異なり、すべての判決が、プライバシーや団結権（または労働基本権）といった基本的人権を侵害する設問があったことを認めたことである。第二に、本件アンケートの違憲の有無を判断するにあたって、すべての判決が、入れ墨調査問題に関する判決と同じく、本件アンケートの目的（の正当性）、本件アンケートの必要性、手法の相当性という判断枠組みを用いていることである[10]。第三に、本件アンケートの目的に関する検討の中で、いずれの判決も〈団結権や労働基本権といった職員の権利を侵害するという意図はなかった〉と、それを否定したことである。

これに対し、賠償額は各判決で異なる。その理由は、おそらく、基本的人権を侵害するとされた設問の数やその侵害の程度が各判決で異なっているためである[11]。

3　検　討

第一に、本件アンケートのきっかけは、【6】【8】の認定事実によると、橋下が立候補した二〇一一年の市長選挙で、市労働組合が対立候補である現職の平松を支援する政治活動を行い、橋下が市長に当選した後も市長の政策に反対する活動を行っていたことから、橋下市長がこれを問題視し、労働組合に対する便宜供与を廃止することなどによって、労働組合を「適正化」する政策（以下、「労働組合『適正化』政策」という。）をとるようになったことにある。(12) 本稿の初めにあげた大阪市の具体的措置のほとんどが、この労働組合「適正化」政策の一環といえる。裁判では、労使関係アンケート問題、教研集会の会場問題のように問題を個別化して扱わざるをえないが、大阪市職員・職員組合への攻撃を総体的に理解するためには、この労働組合「適正化」政策を検討する必要がある。

第二に、すでに述べたように、すべての判決が本件アンケートには職員の権利を侵害する意図はなかったとする。この問題については、四（組合事務所問題に関する判決）で扱う。

三　教研集会の会場問題に関する判決（【3】【12】）

ここでは、第一審判決【3】と控訴審判決【12】を比較する。

1　事案の概要

原告（X）は、大阪市の公立小中学校の教職員によって組織された職員団体である。Xが主催する教育研究集会の会場として、二〇一二年には大阪市教育委員会（以下、「市教委」という。）及び大阪市立A小学校校長に対し、二〇一三年には市教委及び大阪市立B小学校校長に対し、各小学校の施設の目的外使用許可の申請をしたところ、各校長が、いずれも不許可とした（以下、まとめて「本件各不許可処分」という。）。そこで、大阪市（Y）に対し、本件各不許可処分の取消しと使用許可処分の義務づけを求めた。Xは、後に、取消請求を無効確認請求へ、義務づけ請求を国家賠償請求へ訴えを変更した。

2　判決の概要

【3】は、無効確認請求を却下、国家賠償請求の一部を認容したため、Yが控訴。控訴審である【12】は、国家賠償請求を棄却した。

本件の争点の中心は、本件各不許可処分の違法性の有無である。Xが教研集会の会場として公立学校の施設を利用する場合には、目的外使用許可（地方自治法二三八条の四第七項）を得る必要があるが、許可権限者である各校長は、「労働組合等の組合活動に関する便宜の供与は、行わないものとする。」と定める労使関係条例（以下、「本件条例」という。）一二条を理由に不許可にしている。このことが違法性の判断にいかなる影響をおよぼすかが重要な論点となる。

（一）　判断枠組みについて

両判決は、目的外使用許可に関するリーディングケースである最判平成一八年二月七日呉市立学校事件（民集六〇巻二号四〇一頁）が示した判断枠組みを用いる（以下、「呉市立学校最判の判断枠組み」という。）[13]。

（二）　本件条例一二条について

両判決は、本件条例一二条の違憲性・違法性の有無について判断し、逆の結論を出す。

【3】は、「本件条例一二条は、少なくとも同条例が適用されなければ違法とされる被告［Y］の処分（便宜供与の不許可処分）を適法化するために適用される限りにおいて、職員団体の団結権等を違法に侵害するものとして憲法二八条に違反して無効というべきである」と述べ、適用違憲の判決を出した。

これに対し、【12】は、地方自治法二三八条の四第七項違反に関しては、「［本件条例一二条は］管理者の裁量権の行使を排除するものではなく、労働組合等の組合活動に当たる学校施設の目的外使用の許否についての同施設管理者の裁量権行使に当たり考慮すべき事情の一つとして、適正かつ健全な労使関係を阻害する便宜の供与であるかどうかを考慮すべきことを求めるものと解するのが相当であり、そのように解すれば、本件条例一二条は、管理者の裁量権の行使に一定の制約を加えるとしても、上記地方自治法二三八条の四第七項等の各規定に違反するとはいえない。」と述べる。また、憲法二八条違反に関しては、「本件条例一二条が労働組合等に対する便宜供与を一律に禁止する趣旨とは解せられ」ず、「また、労働組合等が使用者から便宜の供与を受けることが憲法二八条の保障する団結権等に内在ないし派生する権利であると解することはできないから、労働組合等に対し便宜供与をしないとすることが直ちに憲法二八条の定める団結権等を侵害するとはいえない。」と述べ、本件条例一二条の違憲性・違法性を認めなかった。

（三）　団体権等の侵害の意思

【3】は、本件条例一二条の違憲性・違法性の有無を検討する中で、橋下市長が団体権等を侵害する意思を有していたかどうかを検討し、「市長は、前記指示［二〇一一年一二月三〇日に橋下市長が幹部職員に対して行った労働組合等に対する便宜供与を一律に禁止する指示］により、被告［X］の職員が加入している労働組合等に対する便宜供与を一律に禁止し、それを制度化した本件条例を制定することにより、その活動に著しい支障が生じ、ひいては職員の団結権等が侵害されることを認識していたことが明らかであり、むしろ、これを侵害する意図をも有していたとみざるを得ない。」と述べ、これを肯定した。これに対し、【12】は、「市長の［団体権等の侵害の］意図はともかくとして」と述べ、団体権等

の侵害の意思の有無を正面から取り上げていない。

（四）　裁量権の逸脱・濫用の有無について

両判決は、呉市立学校最判の判断枠組みを本件に当てはめ、それぞれ次のように判示して、裁量権の逸脱・濫用を認めた。

まず、【3】は、「本件各不許可処分は、…考慮すべきでない考慮要素（本件条例一二条の存在）のみを考慮している点において判断が明らかに合理性を欠いており、他方、考慮すべき事項（教研集会の意義、学校教育上支障のないこと、原告の自主性を阻害しないこと）を十分考慮しておらず、その結果、社会通念に照らし著しく妥当性を欠いたものといえ、学校長の裁量権を逸脱・濫用したもので、その余の点を判断するまでもなく違法というべきである。」と述べる。

これに対し、【12】は、「本件各不許可処分は、本件条例一二条の存在のみを考慮することによってなされており、…その他の当然考慮すべき事項を十分考慮していないのであって、その裁量権行使の判断要素の選択に合理性を欠いており、その結果、社会通念に照らし著しく妥当性を欠くものと認められるから、裁量権の逸脱又は濫用に該当し、違法というべきである。」と述べる。

3　検　討

第一に、判断枠組みについて、両判決は、呉市立学校最判の判断枠組みを用いている。しかし、【12】が、この判断枠組みを本件にあてはめる段階で、「学校施設の目的外使用が適正かつ健全な労使関係を阻害する便宜供与に当たるかどうか」という新たな考慮事項を追加していることに注意する必要がある。これは、本件条例一二条の存在を意識してのことである。

第二に、本件条例一二条について、【3】が適用違憲、【12】が合憲と逆の結論が出たにもかかわらず、なぜいずれの判決も裁量権の逸脱・濫用を認めたのか。いずれの判決も各校長Yが同条のみを考慮して不許可処分を行ったことを前提としている。その上で、【3】は同条の存在を考慮すべきでない事項とみて、そのような考慮すべきでない事項を考慮したこと（他事考慮）を理由に、裁量権の逸脱・濫用を認めたのに対し、【12】は、同条の存在を考慮することは認めるものの、他の考慮すべき事項を考慮していないこと（考慮不尽）を理由に、裁量権の逸脱・濫用を認めたのであり、いずれも判断過程審査をとりながら、裁量権の逸脱・濫用の理由が異なっている。

しかし、第三に、【3】に対しては、本件条例一二条の適用違憲を認めたのであれば、呉市立学校最判の判断枠組みを本件にあてはめるまでもなく、それだけで本件各不許可処分の違法性が認められるのではないかという疑問がある。また、【12】に対しては、本件条例一二条について相当無理な解釈をして考慮事項に含めたのではないかという疑問がある。【12】は、まず、「労働組合等の組合活動に関する便宜の供与は、行わないものとする。」と定める同条を、上述のように「管理者の裁量権の行使を排除するものではなく、…管理者の裁量権行使に当たり考慮すべき事情の一つとして、適正かつ健全な労使関係を阻害する便宜の供与であるかどうかを考慮すべきことを求めるものと解するのが相当である」ると述べる。しかし、同条については、「労使関係が適正かつ健全なものであるか否かを問わず、…労働組合等に対する便宜供与を行うことを一律に禁止し、施設管理者の裁量を一切認めない趣旨である」（【3】）と解するのが素直であろう。[14] つまり、【12】は、同条と地方自治法二三八条の四第七項との整合性を維持せんがために、本件条例一二条についていわば「合法限定解釈」を行ったということができる。[15] また、【12】は、この合法限定解釈をすることによって、呉市立学校最判の判断枠組みを用いることができたといえる。なぜなら、同条が労働組合等に対する便宜供与を行うことを一律に禁止したものであるとの解釈が妥当であるなら、まさに本件のように、校長は、呉市立学校最判が示した考慮事項を考慮することなく、同条のみを理由にして不許可処分をしなければならず、裁判所も、同条と地方自治法二三八条の四第七項の整合性の有無について判断するよう迫られるからである。

第四に、団体権等の侵害の意思に関しては、四（組合事務所問題に関する判決）で扱う。

四　組合事務所問題に関する判決（【1】【2】【9】【11】）

ここでは、第一審判決【1】【2】と控訴審判決【9】【11】を比較する。

1　事案の概要

【1】の原告は、大阪市労働組合連合会等（X1）であり、【2】の原告は、大阪市労働組合総連合等（X2）である。X1は、毎年、大阪市（Y）の本庁舎の一部の使用許可を受け、通算で、長いもので三〇年あまり、短いものでも五年あまり組合事務所として使用してきた（二〇一二年三月三一日時点）。また、X2は、当初はYが賃借した民間の建物の一部を転借して組合事務所として使用し、二〇〇六年からは大阪市（Y）の本庁舎の一部の使用許可を受け、組合事務所として使用してきた。

X1、X2は、組合事務所部分の各自使用部分につき、使用期間を二〇一二年四月一日からの一年間とする行政財産の許可申請をしたところ、同年二月二〇日、Y市長は、不許可処分を行った（以下、「二〇一二年度不許可処分」という。）。その理由として〈組織改編に伴う新たな行政事務スペースが必要になること〉が提示されていた。これに対し、X1、X2は、それぞれ二〇一二年度不許可処分の取消し等を求める訴訟を提起した。

その後、前述の「労働組合等の組合活動に関する便宜の供与は、行わないものとする。」（一二条）といった規定をおく労使関係条例が、同年七月二七日、市会で可決される（同月三〇日公布、同年八月一日施行）。

X1、X2は、二〇一三年三月及び二〇一四年三月にも、それぞれ、行政財産の許可申請をしたが、いずれに対しても、橋下市長は、不許可処分を行った（以下、それぞれ「二〇一三年度不許可処分」、「二〇一四年度不許可処分」という。）。その理由として、労使関係条例一二条の存在と〈本庁舎内に余剰スペースがないこと〉という理由が提示された。X1、X2は、それぞれ、二〇一三年度不許可処分及び二〇一四年度不許可処分の取消し等を求める訴訟を提起した。

2　判決の概要及び検討

【1】は、二〇一四年度不許可処分を取消し、すべての不許可処分が違法であるとして国家賠償請求を一部認容した。一方、【2】は、二〇一四年度不許可処分を取消し、すべての不許可処分が違法であるとして国家賠償請求の一部を認容した点は【1】と同じであるが、それに加えて、本件組合事務所について二〇一四年四月一日から一年間使用を許可する処分を義務付けた。いずれにせよ、Xの請求をほぼ認めたものとなった。これに対し、Yが控訴。

これに対し、【9】（【1】の控訴審）及び【11】（【2】の控訴審）は、二〇一二年度不許可処分の違法性のみを認め、その限りで、国家賠償請求の一部を認容した。いずれもXにとって極めて厳しいものとなった。なお、【9】は確定し[16]、【11】については、X2が上告した。

ここでは、四つの裁判例を比較し、検討すべき論点も多いため、以下では、論点ごとに判決の概要と検討を行う。

（一）　判断枠組みについて

〈判決の概要〉

本件の中心争点は、本件各不許可処分の違法性の有無である。そして、X1、X2が、地方公共団体の庁舎をの一部を組合事務所として使用するには、目的外使用許可（同法二三八条の四第七項）が必要である。ここで、争点が前述の教研集会の会場問題のそれと重なってくる。事実、すべての判決が、【3】【12】と同じく、呉市立学校事件最判の判断枠組みを用い、本件各不許可処分の違法性の有無を判断している。

しかし、注意しなければならないことは、教職員組合が教研集会の会場として公立学校の使用許可を申請するという点で、【3】【12】と呉市立学校事件最判は事案が一致するのに対し、本件と同最判はそうではないことである(17)。そこで、各判決が、呉市立学校事件最判の判断枠組みに修正を加えたかどうか、加えたとしてどのような修正を加えたかに注目する必要がある。

【1】【2】は、次のような判示を付け加える（以下、【1】の判旨を引用）。

「労働組合等が組合活動につき庁舎を利用する必要性が大きいことは否定できず、施設管理者においても、労働組合等に対しその活動の拠点として組合事務所を庁舎内に設置することを継続的に許可してきた場合には「①」、それまでは、組合事務所として利用させることが、当該地方公共団体の庁舎の用途又は目的を妨げるものではなく、相当なものであったことが推認される上、それを以後不許可とすることによって、労働組合等の庁舎内での組合活動につき著しい支障が生じることは明らかである。

したがって、そのように従前と異なる取扱いをした不許可処分［②］の違法性を判断するにあたっては、⑴施設管理者側の庁舎使用の必要性がどの程度増大したか（…）、⑵職員の団結権等に及ぼす支障の有無・程度、⑶施設管理者側の団結権等を侵害する意図の有無［③］等を総合考慮して、施設管理者が有する裁量権の逸脱・濫用の有無を判断すべきである。」（傍点及び番号は引用者）。

【9】は、次のような判示を加える。

「労働組合等が当然に控訴人［Y］の行政財産を組合事務所として利用する権利を保障されているということはできず、控訴人［Y］において、労働組合等による上記利用を受忍しなければならない義務を負うと解すべき理由はないのであって、このことは、従前、組合事務所として利用するための使用許可が一年ごとに繰り返されてきたとしても、変わるものではない」。そして、最判昭和五四年一〇月三〇日（民集三三巻六号六四七頁）、最判平成元年一二月一一日（民集四三巻一二号一七八六頁）、最判平成七年九月八日（裁判集民事一七六号六九九頁）が参照判例として引用される。

【11】は、「行政財産の目的外使用許可及びその取消しにおいては、…行政庁側の使用の必要性が重視され、他方で、使用許可を受ける者の使用の必要性は行政庁側の使用の必要性に劣後するというのが、目的外使用許可制度の趣旨」であると述べた上で、呉市立学校事件最判の枠組みをあげる。

〈検討〉

【1】【2】に関して注目されるのは、第一に、【1】【2】が、傍点①②のように、本件不許可処分が一定期間許可してきた後の不許可処分であることを強調していることである。この判示部分は〈使用者が便宜供与を開始する場合と、一定期間継続してきた便宜供与を廃止する場合を区別し、後者の場合に

は、合理的理由なしにそれを一方的に廃止することは団結権侵害として、原則として支配介入の不当労働行為となり、また、不当労働行為上違法と解される〉とする西谷教授の見解[18]からの影響がうかがえる。このような判断枠組みの修正により、市側に厳しい裁量審査、つまり厳格な裁量審査がなされることが推定でき、事実、市側に厳しい判決が出されている。第二に、傍点③のように、呉市立学校事件最判が示した考慮事項を三つの考慮事項に言い換えていることが注目される。この点に関し、稲葉馨会員は「〔呉市立学校事件最判による〕明示的な総合考慮要素が簡素化されていること」「団結権の問題とされていること」「施設管理者の主観的側面を問題としていること」を【1】の特色としている[19]。この指摘については（四）で改めて取り上げる。

【9】に関して注目されるのは、第一に、【1】【2】と異なり、これまで使用許可がなされてきたことを重視していないことである[20]。第二に、参照判例は、企業施設の利用を許さないことが使用者の施設管理権の濫用と認められる特段の事情がない限り、労働組合は使用者の許諾をえずに企業施設内で組合活動を行うことはできないとするもので、いわば組合側に厳しい判例であることである[21]。【9】は、呉市立学校事件最判が示した判断枠組みをそのまま用いている。しかし、第一、第二の指摘を重視するなら、組合側に厳しい裁量審査、つまり緩やかな裁量審査がなされることが推定でき、事実、組合側に厳しい判決が出されている。

【11】に関して注目されるのは、「目的外使用許可制度の趣旨」を強調していることである。この点に対し、中島正雄教授は「行政万能論とでも呼ぶべき立場」であると批判する[22]。【11】も呉市立学校事件最判が示した判断枠組みをそのまま用いている。しかし、この判断枠組みは【11】が考える「目的外使用許可制度の趣旨」という枠にはめられ、組合側に厳しい裁量審査、つまり緩やかな裁量審査がなされ

ることが推定でき、事実、組合側に厳しい判決が出されている。
以上のように、すべての判決が呉市立学校事件最判の判断枠組みを用いるものの、いずれの判決もこの判断枠組みを修正している。しかも、その修正の内容によって各裁判の審査密度、さらには結論がある程度推定できるものになっている。

（二） 労働組合等の弱体化意思について

〈判決の概要〉

【1】【2】は、裁量審査にあたり、呉市立学校事件最判が示した考慮事項を「施設管理所側の団結権等を侵害する意図の有無」を含む三つの考慮事項に言い換え、本件にあてはめた結果、市長が「労働組合等に対する便宜供与を一斉に廃止することにより、その活動に深刻な支障が生じ、ひいては職員の団結権等が侵害されることを認識していたことは明らかであって、むしろ、これを侵害する意図をも有していたとみざるを得ない。」と述べ、その意図の存在を肯定する。

これに対し、【9】は、そもそも市長が労働組合等の弱体化する意思があったかどうかを検討していないし、【11】は、「市長が専ら組合を嫌悪し、組合に対する支配介入の意思を有しているとまでは認めることはできない。」と明確にそれを否定している。

〈検討〉

前述のように、労使関係アンケート問題や教研集会問題でも〈職員の権利を侵害する意図〉や「団体権等の侵害の意思」といった意思の有無が争点の一つとなっている。意思の有無が争点となった理由の一つとして考えられるのは、これらの問題に対しては、訴訟とは別に、労使関係アンケート問題や組合事務所問題に関し、組合への支配介入であるとして不当労働行為救済の申し立てが行われたことである。不当労働行為の成立要件として使用者の具体的な反組合的行為の意思が必要とされているからである（反対説あり）[23]。

確かに、このような意思が認められれば、橋下市長による労働組合「適正化」政策を司法が断罪したことになり政治的意味が大きいであろうし、行政法上も、これらの措置が目的違反・動機違反となって、それだけで裁量権の逸脱・濫用が認められよう。しかし、意思の有無は客観的な間接事実に基づいて判断しなければならず、それは容易ではない。事実、このような意思を認めた判決は少なく（組合事務所問題に関する【1】【2】、教研集会問題に関する【3】）、多くの判決がそれを否定するか（労使関係アンケート問題に関する前判決【6】【8】【15】【16】、組合事務所問題に関する【11】）、意思の有無自体を検討していない（組合事務所問題に関する【9】、教研集会問題に関する【12】）。この点については（四）で改めて取り上げる。

（三）　本件条例一二条について

〈判決の概要〉

まず、【1】【2】は、「本件条例一二条は、少なくとも同条例が適用されなければ違法とされる被告［Y］の行為を適法化するために適用される限りにおいて、明らかに職員の団結権等を違法に侵害するものとして憲法二八条又は労組法七条に違反して無効というべきであり、上記各不許可処分の違法性を判断するに当たっては、独立した適法化事由とはならないというべきである。」と述べ、【3】と同じく、本件条例一二条につき適用違憲とする。

これに対し、【9】【11】は、本件条例の違憲性・違法性を否定する。注目されるのは、これに関連して、【9】が「市民の選挙により選ばれた議員によって構成される市議会において本件条例が制定されたこと」を重視すべき事情であると述べ、【11】が「被控訴人ら［X2］は、本件条例は、P1［橋下］市長の組合弱体化意思に基づき制定されたものである旨主張するが、市議会での審議の上で適法に可決成立した条例について、市長個人の意思に基づき制定されたというのは、憲法上も認められている議会の条例制定権を正解しない見解であって採用できない。」と述べている点である。

〈検討〉

【9】【11】は、市長の意思と議会の意思（条例）を切断し、条例を尊重する立場をとる。このような立場は、一般論としては認められるものの、橋下市長の主導で本件条例案が作られ、市会で原案のとおり可決されたという本件条例の制定過程を見るなら、市長の意思と議会の意思を切断することはあまりにも形式的すぎるのではないか。

（四）　裁量権の逸脱・濫用の有無について

〈判決の概要〉

教研集会問題では、本件条例一二条のみを理由に不許可処分がなされたが、組合事務諸問題では、二〇一二年度不許可処分については、①新たな行政事務スペースの必要性、②庁舎内で労働組合員等による政治活動が行われるおそれを完全に払拭する必要性が理由とされ（ただし、理由②は訴訟段階で追完されている）、二〇一三年度、二〇一四年度各不許可処分については、①本件条例一二条、②本庁舎内に余剰スペースが存在しないことが理由とされている。

【1】【2】は、「重視すべきでない考慮要素（…）を重視するなど、考慮した事項に対する評価が明らかに合理性を欠いており、他方、当然考慮すべき事項（労働組合等の団結権等に与える影響）を十分考慮しておらず、その結果、いずれも社会通念に照らし著しく妥当性を欠くものといえるから、市長の裁

量権を逸脱・濫用するものであり、その余の点を判断するまでもなく違法といわなければならない。」と述べ、すべての年度の不許可処分について、裁量権の逸脱・濫用を認めた[24]。

これに対し、【9】【11】は、二〇一二年度不許可処分についてのみ違法性を認めたのであるが、その理由は、二〇一二年不許可処分がXらに対する「配慮を欠き、あまりに性急であった」（【11】）ことである。

〈検討〉

前述のように、【1】【2】は、判断枠組みの設定の段階で、呉市立学校事件最判が示した考慮事項を「施設管理者側の団結権等を侵害する意図の有無」を含む三つの考慮事項に言い換え、本件のあてはめの段階で、「労働組合等の弱体化の意思」を肯定した（以下、これらをまとめて「意思」という。）。しかし、結論の段階では、そのような意思には触れられず、「労働組合等の団結権等に与える影響」という客観的な表現がなされている。

総じて、【1】【2】における意思の位置付けには疑問がある。

仮に、【1】【2】が意思を重視しているとみるなら、本件で意思が肯定されれば、それだけで裁量権の逸脱・濫用が認められ、呉市立学校事件最判の判断枠組みをあてはめる必要はないはずであるが、【1】【2】はそうではない[25]。

とすると、「本判決のように、団結権等侵害意図の有無を総合考慮の際の一判断要素にとどめることは、実質的にはかえって『動機の不正』を軽視することになる。」という稲葉会員の評価[26]が正当である。

ここで一つ付け加えるとすると、意思の存在は裁量権の逸脱・濫用が認められるための必要条件ではないということである。したがって、【1】【2】が「施設管理者側の団結権等を侵害する意図の有無」

を判断枠組みに入れたのはミスリーディングであるし、少なくとも教研集会問題や組合事務所問題では、Xらは、「団結権等に与える影響」はともかく、意思の存在まで立証する必要はなかったはずである。

一方、【9】【11】は、呉市立学校事件最判が示した判断枠組みを採用しているが、とりわけ【9】は、Yが提示した理由の合理性を中心に審査しており、呉市立学校事件最判の判断枠組みを本件にあてはめたといえるか疑問がある。

おわりに

多くの裁判例を取り上げ、様々な論点を検討したため、全体像が見えにくくなってしまった。そこで、最後に、裁判例の全体的特徴と今後の課題を簡単にまとめておこう。

1　職員・組合にとっての意義

①入れ墨調査問題については、入れ墨情報が市個人情報保護条例が禁止する差別情報にあたるかどうかについて、第一審判決（肯定）と控訴審判決（否定）とで判断が分かれた。しかし、いずれの判決も、そもそも入れ墨をしていない職員が原告になっている（可能性が高い）ことを重視せずに、本件調査を合憲であるとしたこと等に問題があると考える。

②労使関係アンケート問題については、入れ墨調査問題とは異なり、すべての判決がプライバシーや団結権といった基本的人権を侵害する設問があったことを認めたことが注目される。

③教研集会問題については、いずれの判決も、学校施設の使用を許可しなかったことを違法であると判断したことが注目される。

④組合事務所問題については、第一審判決が組合の請求をほぼ認めたのに対し、控訴審判決は組合にとって極めて厳しいものであった。控訴審判決も二〇一二年度不許可処分については違法を認めたが、二〇一三年度と二〇一四年度の不許可処分については、1)労使関係条例一二条、2)行政事務スペースとして利用する必要があるといった市が主張する理由も含めて適法性を認めており、控訴審判決が維持される限り、組合が市庁舎の一部を組合事務所のために利用することは今後も困難であろう。

⑤「労働組合等の組合活動に関する便宜の供与は、行わないものとする。」と定める労使関係条例一二条について、教研集会問題の第一審判決【3】や組合事務所問題の第一審判決【1】【2】が、適用違憲を認めたことが注目される。また、教研集会問題の控訴審判決【12】は、同条と地方自治法二三八条の四第七項との整合性を維持するために、いわば「合法限定解釈」を行っており、組合事務所問題の控訴審判決【11】も相当無理な解釈を行っている。これらの判決を重視するなら、少なくとも労使関係条例一二条の違法性の疑いは濃厚である。

2　法理論上の意義

ここでは、裁量審査の方法についてのみ指摘することにする。

教研集会問題や組合事務所問題では、教研集会に関する呉市立学校事件最判の判断枠組みが用いられた。そして、前者では、労使関係条例一二条のみ考慮され、呉市立学校事件最判が示す考慮事項が考慮されずに不許可処分がなされているから、同条の違憲性・違法性をどう判断するかに関係なく、また、他事考慮か考慮不尽かはともかく、裁量権の逸脱・濫用が認められよう。

これに対し、後者は前者とは事案が異なっているため[27]、そもそも呉市立学校事件最判の判断枠組みを用いるかどうか、用いるとしてもどのように用いるかについての議論が必要となる。事実、いずれの判決も呉市立学校事件最判の判断枠組みを用いながら、それに修正を加えており、しかも、その修正の内容によっていかなる裁量審査がなされるか、裁量権の逸脱・濫用の有無についていかなる判断がなされるか、ある程度推定できることが興味深い。

他方、いずれの判決も呉市立学校事件最判の判断枠組みを採用してはいるが、事案へのあてはめ方については疑問のある判決が多かった。例えば、労使関係条例一二条の適用違憲を認めた場合や労働組合等の弱体化意思を肯定した場合（いずれも【1】【2】【3】）には、この判断枠組みをあてはめるまでもなく裁量権の逸脱・濫用を認めることができたように思われる。また、【9】のように、この判断枠組みを事案にあてはめたのかどうか疑問のある判決もあった。

判例に類似した事案には、判例が示した判断枠組みが用いられることが多いであろうが、事案間には多少の差異がある。差異を重視するなら、判断枠組み自体を修正するか、判断枠組みは維持しつつ事案にあてはめる段階で対応するか、対応のあり方については、なお検討すべき課題があることが明らかとなった。

3　今後の課題

二〇一五年九月三〇日大阪市は、「職員基本条例」に基づく初の分限処分を公表した（二名の免職と一名の降任[28]）。この処分も今後、裁判になる可能性が高い。その他、厳罰主義（厳格な懲戒処分を定める同条例四三条五項）や組織の改廃等に基づく分限処分（同条例三八条）も司法の場で議論される可能性がある。そうなると、「労使関係条例」に続き「職員基本条例[29]」についてもその違憲性違法性の有無が問われることとなろう。

また、二〇一六年一月七日大阪市は、組合への便宜供与の中止の一つとしてなされたチェックオフ廃止問題に関する中央労働委員会の救済命令に対し取消訴訟を提起した[30]。そのため、再び本件条例一二条の違憲性・違法性について司法判断が下される可能性が高い（その後、東京地判平成三〇年二月二一日は、原告大阪市の請求を棄却した。）。

本稿では、裁判例における法解釈論上の論点を明らかにするにとどまったが、橋下市長による労働組合「適正化」政策を含め、より総体的な検討が必要である[31]。

〈付記〉

本稿は、二〇一六年六月七日に脱稿したものであり、本稿が扱った裁判例のその後の経緯を整理すると次のようになる。総じて、職員・組合にとって厳しい控訴審判決が維持されたと言える。

【1】→【9】（確定）
【2】→【11】→最決平成二九年二月一日判例集未搭載（上告棄却、不受理）
【3】→【12】（確定）
【4】→【10】→最決平成二八年一一月二四日判例集未搭載（上告棄却、不受理）
【5】→【14】→最決平成二八年一一月九日判例集未搭載（上告棄却、不受理）
【6】→【15】（確定）
【7】→【13】→最決平成二八年一一月九日判例集未搭載（上告棄却、不受理）

【8】→【16】

また、教研集会の会場問題に関連して、大阪市教職員組合の分会会議の会場問題に関して、大阪地判平成二九年一二月二〇日（同組合の請求棄却）が出されている。

これらの判例の検討については他日を期すこととしたい。

注

（1）晴山一穂「大阪府職員基本条例案の批判的検討」専修法学論集一一四号（二〇一二年）三一頁、西谷敏「公務員組合攻撃の意味するもの」労旬一七六九号（二〇一二年）八頁、同「橋下市政の職員像と労働組合観」市政研究一七六号（二〇一二年）四六頁、同「自治体民主主義と職員・労働組合」浦田一郎・白藤博行編『橋下ポピュリズムと民主主義』（二〇一二年、自治体研究社）八一頁、同「便宜供与の法的性格と大阪市労使関係条例」法時八五巻一〇号（二〇一三年）七五頁、城塚健之「大阪府『職員基本条例案』の法的問題点」榊原秀訓編『自治体ポピュリズムを問う』（二〇一二年、自治体研究社）一三一頁、同「維新『公務員制度改革論』批判」法と民主主義四六九号（二〇一二年）一八頁。西谷・労旬一七六九号八頁は、橋下の組合攻撃の普遍的な性格として、①公務員のリストラと人件費の大幅削減への地均しを意図していること、②公務員組合と市民の精神的亀裂の広がりという条件下でなされていること、③憲法二八条ですべての勤労者に保障されている団結権に関わることの三点にまとめる。

（2）本稿は、二〇一五年一一月八日に明治大学で開催された日本地方自治学会分科会Ⅰ「自治体公務労働の環境変化」で行った報告「地方公務員の権利・義務の変容―大阪市の事例を中心に」をもとにしているが、報告後に出された判決や論文も検討対象としたため、内容が大幅に変わっていることをお許しいただきたい。

（3）この他、組合が労働委員会に不当労働行為の救済を申し立て、大阪府労働委員会や中央労働委員会がいくつかの命令を出しているが、筆者の能力の関係上、これらの検討は行っていない。

（4）ちなみに、第一審判決（【1】～【8】）の裁判長は、すべて中垣内健治裁判官であることもあって、少なくとも第一審判決の判断枠組みには、共通性がみられる。

（5）新聞報道後に開かれた定例常任委員会で、市担当者は、本件職員が入れ墨をしていることは事実であるが、児童を恫喝したとの事実は確認できなかったと回答している。

（6）【5】【14】の原告は、入れ墨がないことを上司に目で確認してもらっている。他方、【7】【13】の原告が入れ墨を入れていたかどうかの事実認定は判決ではなされていないが、原告は、自ら入れ墨を入れる趣味はないと述べているとある。

（7）二〇一二年九月六日、大阪市服務規律刷新プロジェクトチームは、対象職員数三万三〇〇〇名あまりのうち、本件調査対象部位に入れ墨のある職員は九九名、そのうち九五名は市民の目に触れる職場であったと報告している（【5】【7】の認定事実）。入れ墨をしている職員が多いことは事実であるが、残りの三万三〇〇〇名あまりの職員が本件調査により不愉快な思いをしたことにも注意すべきである。

（8）麻生多聞「【6】判批」法セ七二五号（二〇一五年）一一六頁。

（9）野呂充会員も大阪市教育委員会では任意調査が行われていたことや日常的に服装指導がなされていたことから本件のような強制調査の必要性に疑問を呈している（「【13】【14】判批」ジュリ一四九二号（二〇一六年）四四頁）。

（10）詳しくみると、【6】【8】【16】は、本件アンケート全体の目的（の正当性）、本件アンケートの必要性、手法の相当性を検討した上で、個別の設問内容について検討するのに対し、【15】は、個別の設問内容と、当該設問によって侵害され得るXの権利を確認した上で、「侵害のおそれがある場合には、当該設問による調査をする合理性があると認められるかを、本件アンケートの目的や調査の必要性、調査方法の相当性を踏まえて判断する」と述べており、判断枠組みが若干異なる。

(11)【6】【8】は、Q7、9がプライバシーを侵害し、Q6、16、21が団結権または労働基本権を侵害しているとしたのに対し、原審【6】より賠償額を増やした【15】は、Q7、9がプライバシー権だけでなく政治活動の自由も侵害し、Q6、16、21だけでなくQ7、9も団結権を侵害するとした。これに対し、原審【8】より賠償額を減らした【16】は、Q7、9がプライバシー権を侵害し、Q6、16が労働基本権を侵害するとし、Q21については基本権侵害を認めていない。

(12) 大阪市では、過去にも労使関係アンケートが実施されている。すなわち、二〇〇四年ごろから同市におけるカラ残業、ヤミ年金、ヤミ退職金、ヤミ専従など様々な職員厚遇問題が発覚したことを契機にして、二〇〇六年三月と一〇月の二回、労使関係の健全化について全職員を対象とするアンケートが実施されてた。しかし、任意調査であったこともあり、回答率は数%と低かったことも強制的な本件アンケートが実施された理由の一つとされる（【6】【8】の認定事実）。

(13) 呉市立学校最判の判断枠組みは次のようなものである。「管理者の裁量判断は、許可申請に係る使用の日時、場所、目的及び態様、使用者の範囲、使用の必要性の程度、許可をするに当たっての支障又は許可をした場合の弊害若しくは影響の内容及び程度、代替施設確保の困難性など許可をしないことによる申請者側の不都合又は影響の内容及び程度（傍点は引用者）等の諸般の事情を総合考慮してされるものであり、その裁量権の行使が逸脱濫用に当たるか否かの司法審査においては、その判断が裁量権の行使としてされたことを前提とした上で、その判断要素の選択や判断過程に合理性を欠くところがないかを検討し、その判断が、重要な事実の基礎を欠くか、又は社会通念に照らし著しく妥当性を欠くものと認められる場合に限って、裁量権の逸脱又は濫用として違法となるとすべきものと解するのが相当である」（下線は引用者）。

　同最判は、下線部のように、管理者が裁量判断する際の考慮事項を詳細にあげると共に、この考慮事項に着目した裁量審査を行っている。いわゆる判断過程審査と呼ばれるものである。

(14) 人見剛会員は、地方自治法（二三八条の四第七項）により認められた施設管理者の裁量を、本件条例（一二条）が否定することに疑問を呈し（「【3】判批」法セ七二六号（二〇一五年）一二五頁）、大島佳代子「【3】判批」新・判例解説Watch17号（二〇一五年）一二六頁は、条例制定権の範囲を超えているとする。

（15）組合事務所問題に関する【11】も本件条例一二条について相当無理な解釈をしている。【11】は、【12】と異なり、本件条例一二条の違憲性違法性を否定する。また、【11】は、同条については「労働組合等に対する便宜供与はほぼ例外なく行われないもの」と、地方自治法二三八条の四第七項については、「行政財産管理者の広範な裁量により使用許可をすることを可能にしている」といずれも素直な解釈を行う。しかし、このような解釈では、地方自治法二三八条の四第七項と本件条例一二条との整合しない。そこで【11】は、「特別の事情がある場合には、本件条例違反として市議会による責任追及の可能性はあるが、行政財産管理者の判断で使用許可をする余地も法理論上は否定し得ない。」という無理な解釈を行う。

（16）市労連声明［http://www.osaka-shiroren.jp/info/koushou/info150615.html］（最終検索日：二〇一六年六月二日）では、次のように述べられている。「二〇一三年度・二〇一四年度の不許可処分についてであるが、控訴審では『労使関係条例一二条に基づいて行われたもので、違法とは言えない』といわゆる労使関係条例一二条の理解について一審とは異なる判断がされている。この判断については労働組合としては疑義の残るところであるが、労使関係条例については『条例が適用された結果、憲法、地公法、労組法に反する結果を招く場合については、救済が可能』とも言われており、今後の組合事務所の取り扱いについても、個別の事案として、違法かどうかの判断ができるものと理解する。」

（17）本多滝夫会員は、原龍之助『公物営造物法［新版］』（一九七四年、有斐閣）三二二頁以下に拠って、教研集会の場合は、学校施設の一時的な使用許可であり、講学上の「許可」にあたるが、組合施設の場合は、庁舎の継続的な使用許可であり、「特許的」性質をもつとして事案の違いを強調する（「【11】判批」労旬一八五七号（二〇一六年）一二頁）。興味深い見解ではあるが、目的外使用許可によって与えられた使用権の内在的制約を強調し、許可のの撤回に伴う損失補償を原則として否定する最判昭和四九年二月五日民集二八巻一号一頁との関係で、この見解が維持できるかどうか検討が必要である。
(18) 西谷敏『労働法第二版』(二〇一三年、日本評論社) 五五四頁以下。なお、倉田原志「【2】判批」新・判例解説Watch16号 (二〇一五年) 三一頁も参照。
(19) 稲葉馨「【1】判批」法学七九巻一号 (二〇一五年) 一二七頁。
(20) ただし、二〇一二年度不許可処分については、「長期間、反復・継続されてきた労働組合等に対する便宜供与を破棄するものである」にもかかわらず、YがXに退去を求めたのは、退去期限の約二ヶ月前という短い期間であること等を考慮して、同処分につき裁量権の逸脱・濫用を認めている。
(21) 菅野和夫『労働法第一一版』(二〇一六年、弘文堂) 九二四頁以下、九八二頁以下参照。
(22) 中島正雄「【11】判批」労旬一八五七号 (二〇一六年) 一四頁。
(23) 支配介入の不当労働行為の成立に使用者の支配介入の意思が必要であるかどうかについて、学説は対立しているが、菅野・前掲書注 (21) 九七六頁以下は〈「支配介入」と評価される行為をなそうとの意思は成立要件となるべきものではないが、使用者の具体的な反組合的行為の意思が成立要件となる〉とする。
(24) 【1】【2】は、重視すべきでない考慮事項として「行政事務スペースとしての使用の必要性や組合事務所として庁舎の使用を許可することによる弊害のおそれ」等をあげている。
(25) 【1】【2】は、労使関係条例一二条の適用違憲を認めているが、この場合もそれだけで裁量権の逸脱・濫用が認められるのではないか。
(26) 稲葉・前掲論文・注 (19) 一二九頁。
(27) 本多会員は、組合事務所問題の特徴を①許可使用する施設の相違、②使用不許可をめぐる係争の性格の相違、③使用許可の性質の相違にまとめる (本多・前掲論文・注 (17) 二二頁)。
(28) 大阪市労組HP [http://homepage1.nifty.com/osaka-shiro-so/seisaku_teigen/20151013_danwa.html] (最終検索日:二〇一六年六月二日)。

(29) 同条例は人事評価を相対評価で行い（一八条、第一区分から第五区分）、人事評価の結果の区分が二年以上継続して最下位の区分であって、勤務成績が良くないと認められる場合には（三四条一項）、地方公務員法二八条一項一号に該当するとして分限処分（降任又は免職）を行う。

(30) 大阪市役所ＨＰ［http://www.city.osaka.lg.jp/hodoshiryo/jinji/0000337925.html］（最終検索日：二〇一六年六月二日）。

(31) 橋下市長による職員・組合攻撃に対して大阪市民は拍手喝采を送っているとされている。そして、その背景を最も的確に指摘していると筆者が思ったのは、西谷敏教授の次のような説明であった。職員に対しては、〈雇用が不安定で低賃金の非正規労働者と、比較的高い収入を得るが異常な長時間労働を強いられる民間企業正社員の両方から、収入はそこそこで労働時間も適度であると（見える）公務正職員がねたまれる〉。組合に対しては、〈非正規労働者にとって組合は正社員の既得権だけを守ろうとする守旧的な組織に見え、民間企業正社員には高い組合費を徴収しながらリストラや労働条件引き下げと闘わず、かえって使用者と一緒になって労働者の不満を抑圧しようとする組合に見える〉（西谷「自治体民主主義と職員・労働組合」注（1）九七頁以下、同・労旬一七頁以下）。

しかし、二〇一五年一一月八日の報告の際、上林陽治会員から右のような説明は仮説で実証されていないとの指摘を受けた。報告後、同会員から紹介された文献を読んだところ、同会員の指摘どおりであった。例えば、松谷満「誰が橋下を支持しているか」世界二〇一二年七月号一〇三頁は、〈橋下の支持層は社会経済的に弱い立場にいる人ではなく、むしろ、管理職層や正規雇用層である。ただし、公務員不信が橋下支持の要因である。〉とする。また、善教将大他「大阪ダブル選挙の分析」関西大学法学論集六二巻三号（二〇一二年）二四七頁も〈社会経済的な強者の方が維新の会へ投票する傾向が強かった。〉とする。

（やました　りゅういち・行政法）

Ⅲ　高齢者福祉の制度と動態

1　高齢者の生活保障施策の動向と行財政

田中　きよむ
（高知県立大学）

はじめに

近年の国民世論調査では、政府に対して国民が求める政策優先順位は社会保障制度が高くなっているが[1]、高齢化の下で高齢者の生活課題が拡大していることが背景にあると考えられる。民主党政権の時代に、社会保障・税の一体改革が進められ、自民・公明党との修正協議、三党合意をふまえ、関連法案を成立させられた。本稿では、その後の自民・公明党政権の下で成立した医療・介護総合法や、その後の動向も含め、特に高齢者の生活保障施策に焦点を合わせ、近年の制度改革の構造的特徴を捉えることを目的とする。

社会保障・税の一体改革を起点とする社会保障制度改革がどのような行財政構造をもち、それが高齢者に対する生存権保障としての社会保障の本質をどのように変容させるのか、また、それに代わるどのような代替政策が方向づけられるのかを明らかにしたい。

社会保障は、本来、貧困を克服するための政策であるが、近年、その貧困は深化、拡大している。

年間給与所得が二〇〇万円以下のワーキングプアは一，一三二万三千人（二〇一六年）であり（対前年二・五万人増）、民間労働者の二三・三％を占めている。[2] そして、生活が「たいへん苦しい」（二三・八％）と「やや苦しい」（三二・〇％）を合わせて、生活が苦しいと考える国民は五五・八％であり（二〇一七年）、二〇一二年の同比率（六〇・四％）と比べて五％減っているものの、依然として過半数に達している。[3] 高齢者世帯の場合、一世帯当たり年間平均所得（二〇一七年）は三一八・六万円（全世帯平均五六〇・二万円）であるが、生活が「たいへん苦しい」（二二・〇％）と「やや苦しい」（三二・二％）を合わせて、生活が苦しいと考える高齢者世帯は五四・二％（二〇一七年）となっており、二〇一二年の同比率（五四・〇％）と比べて同程度である。[4] 一方、非正規労働者は二，〇一六万人（うち女性一，三六七万人）であり、役員を除く雇用者全体の三七・五％を占めており（二〇一六年）、二〇一二年の非正規労働者一，八一三万人（うち女性一，二四七万人）、雇用者比率三五・二％（二〇一二年）と比べても、人数、割合ともに増えているが、[5] その多くは女性であり、女性のワーキングプアの基層を成している。

社会保障の最終手段である生活保護制度については、生活保護受給世帯が一六四万一，五四一世帯（二〇一七年三月）と過去最高記録を更新した後、一六三万九，七六八世帯（二〇一八年三月）と漸減している。[6] 就学援助率（全国公立小中学校児童生徒数）は、一九九五年六・一〇％（約七七万人）から二〇一一年一五・六四％（約一五五万人）へ増加した後、二〇一五年一五・二三％（約一四七万人）へと漸減している。[7] また、近年注目されている子どもの貧困率も、一〇・九％（一九八五年）、一二・一％（一九九四年）、一四・二％（二〇〇六年）、一三・九％（二〇一五年）へと一〇％以上で推移している。[8] 女性や子どもにおいても、貧困が深化、拡大している様子がうかがえるが、高齢者においても、社会保障が有効に機能するものであるのかが問われる。高齢者の生活実態・実例をふまえた高齢者の貧困の鋭い分析が社会的に注目されているが[9]、本稿では、とくに社会保障制度各分野に焦点を合わせ、とりわけ安倍内閣の下で進められている近年の社会保障行財政改革が、高齢者の立場からみて社会保障の本質をどのように変容させつつあるのかを明らかにしたい。

一　近年の社会保障全体の改革方向

1　旧「三本の矢」と新「三本の矢」

アベノミクスの旧「三本の矢」は、第二次安倍内閣（二〇一二年一二月二六日～二〇一四年九月三日）、第三次安倍内閣（二〇一四年一二月二四日～二〇一五年一〇月七日）の経済政策を象徴する表現であるが、①「大胆な金融政策」（金融緩和による物価引き上げ）は、低所得者の生活困難の増幅と医療・介護経営の逼迫をもたらし、②「機動的な財政政策」（財政支出の拡大）は、公共事業や国防予算の拡大を社会保障給付費抑制で補完するものであったし、③「投資を喚起する成長政策」（規制緩和による成長戦略）は、年金・医療・介護・子育て等の給付範囲・水準の抑制を図ることにより、サービスの基準・質の引き下げと企業活動範囲の拡大をもたらすものであったと言える。

アベノミクスの新「三本の矢」は、第三次安倍改造内閣（二〇一五年一〇月七日～二〇一七年一一月一日）の発足に向けて公表された。①「希望を生み出す強い経済」としては、二〇一四年度四九〇兆円の名目GDPを二〇二〇年六〇〇兆円に引き上げることをめざし、女性や高齢者、障がい者らの雇用拡大や地方創生を本格化して「生産性革命を大胆に進める」としているが、退職者や支援を要する可能性のある人々も含めて、「一億総活躍社会」として、すべて生産力とみなす生産力偏重主義が認められる。しかも、女性は、前述の通り、非正規などの不安定雇用の主力をなしており、障害者雇用は官公庁の水増し雇用率が社会問題化している状況が見られる。

②「夢を紡ぐ子育て支援」では、二〇一四年度一・四程度（一・四二）の合計特殊出生率を約一〇年で一・八まで回復させるために、子育てにかかる経済的負担を軽くするための幼児教育の無償化、結婚支援や不妊治療支援に取り組む、としているが、国会論戦のなかで、合計特殊出生率一・八の根拠として、結婚を希望する若者が約九割に上ることと、夫婦が希望する子どもの平均数が二人だったことが挙げられており（0.9×2＝1.8）、希望出生児数と予定出生児数が乖離している現実が考慮されていない。しかも、幼児教育の無償かは、年齢（三歳未満・以上）や施設種別（認可・認可外）によって対象が限定されているうえ、切実な待機児童対策に向けた保育所整備や保育士確保とのプライオリティが考慮されていない。

③「安心につながる社会保障」では、家族らの介護を理由に退職せざるを得ない「介護離職」をゼロにする目標が掲げられているが、介護職の将来に向けた人材不足、劣悪な介護労働条件、倒産・廃止・休止が相次いでいる介護事業所の安定化を図らなければ、離職を防ぐための介護の社会化に向けた条件が整わない現実がある。

2　「骨太方針」

第二次安倍内閣以降も毎年発表されている、いわゆる骨太方針（「経済財政運営と改革の基本方針」）のなかでも、社会保障制度改革の方向が言及されている。二〇一三年骨太方針（二〇一三年六月一四日閣議決定）においては、社会保障の「公費負担が増大し財政赤字拡大の大きな要因になる」、「効率的に社会保障サービスが提供される体制を目指す」、「社会保障に過度に依存をしなくて済む社会を構築する」といった表現に見られるように、社会保障の抑制が明確に打ち出されている。二〇一四年骨太方針（二〇一四年六月二四日閣議決定）においても、社会保障給付について「聖域なく見直し、徹底的に効率化・適正化していく」として、前年度の方針を継続する意向が示されている。

二〇一五年骨太方針（二〇一五年六月三〇日閣議決定）においては、「経済・再生計画」が示され、公共サービス（医療・介護、子育てなどの社会保障サービスを含む）等について、「民間企業等が公的主体と協力して担うことにより、選択肢を多様化するとともに、サービスを効率化する」と述べて、社会保障の市場化を促すとともに、「歳入面では、社会保障制度を維持するため、経済環境を整える中で、消費税率の一〇％への引上げを平成二九（二〇一七）年四月に実施する。それ以外の国民負担増（社会保険料を含む）は極力抑制するよう努める」と消費税増税による社会保障財源の一元化をめざしている。そして、「自助を基本に公助・共助を適切に組み合わせた持続可能な国民皆保険」などを基本理念として、「増大していく公的社会保障の給付について、効率化・重点化のための改革を行」う方向が示されている。社会保障でありながら、自助を基本として給付の効率化・重点化を進めるとしており、社会保障の解体・縮小化を図る本質が表れている。

具体的には、医療と介護については、「負担能力に応じた負担を求める観点から、医療保険における高額療養費制度や後期高齢者の窓口負担の在り方について検討するとともに、介護保険における高額介護サービス費制度や利用者負担の在り方等について、制度改正の施行状況も踏まえつつ、検討を行う」、年金については、「社会保障改革プログラム法等に基づき、マクロ経済スライドの在り方、短時間労働者に対する被用者保険の適用範囲の拡大」、「高所得者の年金給付の在り方を含めた年金制度の所得再分配機能の在り方」等について、引き続き検討を行う。そして、生活保護については、「就労支援を通じた保護脱却の推進のためのインセンティブ付けの検討など自立支援に十分取り組むとともに、生活保護の適用ルールの確実かつ適正な運用、医療扶助をはじめとする生活保護制度の更なる適正化を行う」、「さらに、平成二九年度の次期生活扶助基準の検証に合わせ、年齢、世帯類型、地域実態等を踏まえた真に必要な保護の在り方や更なる自立促進のための施策等、その制度全般について予断なく検討し、必要な見直しを行う」としている。

二〇一六年骨太方針（二〇一六年六月二日閣議決定）においては、「社会保障分野においては、『経済・財政再生計画』に掲げられた医療・介護提供体制の適正化、インセンティブ改革、公的サービスの産業化、負担能力に応じた公平な負担、給付の適正化、薬価・調剤等の診療報酬及び医薬品等に係る改革、年金、生活保護等に係る四四の改革項目について、改革工程表に沿って着実に改革を実行していく。」と述べられている。

二〇一七年骨太方針（二〇一六年六月二日閣議決定）においては、「全ての団塊の世代が後期高齢者となる二〇二五年度を見据え、今年度や来年度以降の検討・取組事項も含めて速やかに検討し、改革工程表に沿って着実に改革を実行していく。二〇一八年度は、診療報酬・介護報酬の同時改定、国保の財政運営の都道府県単位化の施行、介護保険制度改正の施行など、改革の有機的な連携を図る。」と述べて、さしあたり医療・介護中心の制度改革が方向づけられている。

そして、二〇一八年骨太方針（二〇一八年六月一五日閣議決定）においては、「少子高齢化は、経済面で成長の制約要因であるとともに、財政面においては、社会保障の支え手の減少や、高齢者の医療・介護費による歳出増加圧力を通じて財政健全化の足かせとなる。」として、「全世代型社会保障を確立し、その持続性を確保する観点から、歳出改革の加速・拡大を図るとともに二〇一九年一〇月に予定されている消費税率の八％から一〇％への引上げを実施し、少子化対策や年金、医療、介護に対する安定的な財源を確保することが課題である。」と述べられている。

その「全世代型社会保障」の鍵を握るのが、「人づくり革命」であるとし、「第一に、幼児教育無償化を一気に加速する。三歳から五歳までの全ての子供たちの幼稚園、保育所、認定こども園の費用を無償化する。」とし、認可外施設についても「保育の必要性があると認定された子供を対象として無償化する。」と述べ、〇歳から二歳児については、待機児童解消の取組と併せて、住民税非課税世帯を対象として無償化を進める。」と述べられている。第二に、「最優先の課題である待機児童問題を解消し、女性就業率八〇％に対応できる『子育て安心プラン』を前倒しし、二〇二〇年度末までに三二万人分の受け皿整備を進めるとともに、保育士の更なる処遇改善に取り組む。」、「第三に、真に支援が必要な、所得が低い家庭の子供たちに限って、大学などの高等教育無償化を実現する。住民税非課税世帯の子供たちについて、授業料の減免措置を拡充するとともに、学生生活を送るのに必要な生活費を賄えるよう、給付型奨学金を拡充する。」と述べられている。そして、「第四に、介護離職ゼロに向けた介護人材確保のため、介護職員の更なる処遇改善を進める。」として、「これらによる二兆円規模の政策を実行し、子育て世代、子供たちに、大胆に政策資源を投入することで、我が国の社会保障制度を、お年寄りも若者も安心できる「全世代型」の制度へと大きく転換していく。」と方向づけられている。なお、「第八に、人生一〇〇年時代を見据え、意欲ある高齢者に働く場を準備する。」として、まさに寿命を全うするまで働く方向が示されている。

このように、社会保障各分野に亘り、給付の抑制、サービスの市場化、消費税増税による給付財源の一元化、利用者・患者の応益負担の拡大、自助努力の奨励、という方向がめざされている。

3　社会保障の財政規模と改革の焦点

国民所得（賃金と利潤の総計）に占める（税＋社会保険料）の割合である国民負担率は、四三・九％を占めており（二〇一六年度）、国民に社会保障給付費として現金やサービスの形で戻ってくる割合である社会保障給付費比率（社会保障給付費÷国民所得）は、同年度で二九・八％を占めている(10)。同年度の社会保障給付費は一一六・九兆円（一人当り九二一，〇〇〇円）であり、その内訳は、年金：医療：福祉その他＝四六・五％（五四・四兆円）：三二・八％（三八・四兆円）：二〇・六％（二四・一兆円）、すなわち、おおよそ五：三：二という割合になっている。「福祉その他」のうち、最大費目は介護保険給付費であり、社会保障給付費全体の八・二％（九・六兆円）を占めている。

以上のように、年金、医療、介護が基本的には、すべて社会保険方式で運営されているため、雇用保険や労働者災害補償保険を別にして、高齢者に関連の強い年金、医療、介護だけで見ても、保険方式の給付費が社会保障給付費の八七・五％を占めており、日本は、ドイツなどと並んで、社会保険中心の福祉システムであると言える(11)。とくに、その三大分野と少子化対策に主な焦点を合わせ、増税とセットで制度改革を進めていこうとする政策が社会保障・税の一体改革である。

4　社会保障・税の一体改革

社会保障・税の一体改革は、民主党政権時代（二〇〇九年九月一六日～二〇一二年一二月二六日）からめざされてきた方向であり、「社会保障改革の推進について」（二〇一〇年一二月一四日閣議決定）、

「社会保障・税一体改革成案について」（二〇一一年七月一日閣議報告）、「社会保障・税一体改革大綱について」（二〇一二年二月一七日閣議決定）などの閣議決定・報告をふまえ、自民・公明党との社会保障・税一体改革に関する三党合意（二〇一二年六月一五日）を経て、社会保障・税一体改革関連法案の衆議院可決（二〇一二年六月二六日）、参議院可決（二〇一二年八月一〇日）によって一応の成立を見たものの、その後も改革は続けられ、その延長線上にある。

社会保障・税の一体改革では、「高齢者三経費」（年金・医療・介護）、および「社会保障四経費」（プラス少子化対策）に主な焦点を合わせ、それらの分野を中心に給付抑制を進める一方で、制度改革や軽減措置、高齢化に伴う経費、基礎年金国庫負担財源などを消費税の増税（二〇一四年四月に五％から八％、二〇一五年一〇月に一〇％へと段階的に引上げ）で賄おうとしたものである（一〇％への引上げは二〇一七年四月に延期され、さらに二〇一九年一〇月に再延期されることになった）。社会保障・税の一体改革関連八法の基本法である社会保障制度改革推進法は、その第一条で、「国及び地方公共団体の財政状況が社会保障制度に係る負担の増大により悪化」しているとし、「受益と負担の均衡がとれた持続可能な社会保障制度の確立をはかるため」、「社会保障制度改革国民会議を設置」して、それを総合的かつ集中的に推進するとしている。第二条では、社会保障制度改革は、「自助、共助及び公助が最も適切に組み合わされるよう留意しつつ」、「家族相互及び国民相互の助け合いの仕組みを通じてその実現を支援していくこと」を基本として、「給付の重点化及び制度の運営の効率化」を同時に行うとしている。そして、社会保障給付に要する費用の主要な財源には消費税を充てるとしている。

社会保障を公助として位置づけるのではなく、自助や共助を組み合わせ、家族・国民相互の助け合いとして捉えることは、自己責任型の生活自立を意味し、社会保障を私的保障に変質・解体させていくことを意味する。そのために、給付の重点化（対象の限定化）と制度の効率化（自己負担の拡大）が図られることになるが、それは各分野の制度改革によって具体化されていく。

5　社会保障・税一体改革関連法成立後の改革工程

社会保障・税一体改革関連法成立後、二〇一三年に成立した社会保障プログラム法においては、政府は、住民相互の助け合いの重要性を認識し、自助・自立のための環境整備等の推進を図る、として、公助、共助の表現が退き、自助・自立が一層強調される。そして、医療や介護など、高齢者の生活にとって重要な政策に関して、給付の重点化と制度の効率化に向けた具体的な工程が示される。それは、二〇一四年成立の医療・介護総合法の成立によって具体化の帰着を一応見ることになる。

しかし、改革はそれにとどまらず、社会保障改革工程案（財務省財政制度等審議会二〇一五年一〇月九日）によって、年金の給付抑制や支給開始年齢の延長、医療における高齢者の患者負担の拡大、介護における利用者負担の拡大や給付の縮小、生活保護における給付の制限・縮小という方向について具体的な工程も示しながら、財政健全化という枠に収める形で、さらに一層進めようとされた。そして、経済・財政再生計画改革工程表（経済財政諮問会議二〇一五年一二月二四日）および、その補足版（内閣府二〇一六年四月二八日）によって、各分野における二〇一六～一八年度の集中改革期間を含む改革スケジュールが取りまとめられた。

二　年金制度改革

1　年金制度の現状

老後の生活について、世論調査によれば、「非常に心配である」（三七・八％）と「多少心配である」（四三・六％）を合わせて、八一・五％の国民が心配しており、その理由として、「年金や保険が十分でないから」（七二・七％）が最大の理由となっている。[12]実際、老齢基礎年金は満額（二〇一七・一八年度月六四，九四一円）でも、市町村によっては生活護基準より低い。たとえば、高知市（二級地―一）の場合、六五歳独居の生活扶助（居宅第一類・二類＋冬季加算）だけで比較しても、[13]扶助額（月七二，一一一円）より少ない（二〇一七年度）。しかも、実際の老齢基礎年金受給額（全国平均二〇一六年度末）は月額五五，四六四円（第一号被保険のみの受給者の場合五一，三二九円）であり、[14]その差はさらに拡大する。

その反面、保険料負担に対する困難さや給付に対する不信感からか、納付率は改善しつつも依然として低い状況にあり、現年度納付率は、二〇一〇年度五九・三％、二〇一二年度五九・〇％、二〇一四年度六三・一％、二〇一六年度六五・〇％）となっている。[15]納付率は、収めるべき納付対象者を基礎にしており、免除者は除外しているため、四割前後の滞納者の存在は、強制加入でありながら、年金が空洞化していることを意味する。

2　年金制度改革

近年の年金制度改革においては、一九九〇年代からの支給開始年齢の繰り延べに加えて、二〇〇四年改革においては、マクロ経済スライド方式が導入され、少子高齢化の進行に合わせて、正の物価スライドを抑制する仕組みが組み込まれた。すなわち、①物価上昇率が少子高齢化の進展（人口減少率と平均寿命伸長率の和の一定比率）を上回る場合は、少子高齢化の進展分を物価上昇率から控除する（たとえば、物価が対前年度で二％上昇し、少子高齢化が一％進展した場合は2－1＝1％の年金額引上げ）、②物価上昇率が少子高齢化の進展を下回る場合は、年金額据え置き）、③物価が下落する状況で少子高齢化が進展した場合は物価下落分だけ年金額を引下げる、というルールが運用されることになった。

さらに、過去のデフレ分の引下げを三年間で実施（二〇一三年一〇月△一％、二〇一四年四月△一％、二〇一五年四月△〇・五％で、計△二・五％の給付引き下げ）、二〇一七年四月△〇・一％、基礎年金財源の二分の一の消費税への一元化（二〇一四年四月～）、遺族基礎年金の受給対象への父子家庭の追加（二〇一四年四月～）、年金運用の見直し（国内株式一二％→二五％、国内債券六〇％→三五％に割合変更：二〇一四年一〇月～）、共済年金の厚生年金への統合（二〇一五年一〇月～）、老齢年金受給資格期間の二五年から一〇年への短縮（二〇一七年一〇月～）などが実施されてきた。

そして、いわゆる「年金カット法」（国民年金等改正法）が二〇一六年一二月に成立した（二〇一八年四月施行）。それにより、①物価・賃金スライドのシステム変更として、物価が上がり賃金が下がる場合は据え置く措置（改正前）から賃金に合わせて削減する措置へ、物価も賃金も下がる場合は物価に合わせる措置（改正前）から物価・賃金の下落幅の大きい方に合わせることになった。②マクロ経済スライドの変更としては、物価上昇率＜スライド調整率（少子高齢化の進展度）の場合は改定率〇％で据え置く措置（改正前）から、そのスライド超過分を物価上昇率＞スライド調整率の際に繰り越し実施する措置（キャリーオーバー制度）が導入された。さらに、受給開始年齢の見直し（一層の繰り延べ）

や一定以上所得者の老齢基礎年金国庫負担相当分の支給停止などに向けた法案提出を含む措置（二〇一九年度〜）が進められようとしている。

マクロ経済スライド方式の導入は、少子高齢化の進行を高齢者の給付抑制という形で受け止める構造を年金制度に内部化したものと言えるが、それは、高齢者医療制度や介護保険制度と同質の構造をもつ。少子高齢化の進行に伴って負担の上昇・給付の抑制が進行することにより、高齢者の生活困窮化が制度的に生み出される仕組みである。年金の扶養比率（被保険者数÷受給権者数）が下がっていく状況下では、保険原理に依拠しない形での高齢者のナショナル・ミニマムの確立と、それをふまえたローカル・ミニマムが求められる。

三　医療制度改革

近年の医療保険財政の経常収支差は保険の種類によっては黒字幅の縮小や赤字幅の拡大も見られ、必ずしも安定しているわけではないが[16]、不安定化要因としては高齢化に焦点が当てられ、患者一部負担の引上げ、給付（保険の適用範囲）の縮小、病床数の制限・削減（医療計画・医療費適正化計画）による供給規制、高齢者の独立保険化（後期高齢者医療制度の創設）などが制度的に進められてきた。

二〇〇八年度から高齢者医療確保法に基づき施行されている後期高齢者医療制度は、年金のマクロ経済スライド方式のアナロジーとして捉えることができる。二年単位で保険料を変更する際に、給付費に占める後期高齢者の保険料負担率に関して、若年者（七五歳未満）の減少率の二分の一の割合で引き上げることになっており、一〇％（二〇〇八〜〇九年度）→一〇・二六％（二〇一〇〜一一年度）→一〇・五一％（二〇一二〜一三年度）→一〇・七三％（二〇一四〜一五年度）→一〇・九九％（二〇一六

〜一七年度）→一一・一八％（二〇一八〜一九年度）と推移しており、全国平均保険料（一人当たり月額）は、五二八三円（二〇〇八〜〇九年度）→五二四九円（二〇一〇〜一一年度）→五五六九円（二〇一二〜一三年度）→五六三二円（二〇一四〜一五年度）→五七八五円（二〇一六〜一七年度）→五八五七円（二〇一八〜一九年度）と推移している。そのような少子高齢化に連動する保険料負担システムに応じきれない高齢者は滞納という形で表面化する結果、毎年二〇万人以上の規模の滞納被保険者が生まれている[17]。

後期高齢者医療制度は、少子高齢化の進行に伴って後期高齢者の医療保険料の負担が上昇することにより、高齢者の生活困窮化が制度的に生み出される仕組みであると言える。二〇一四年度からの一般所得の前期高齢者の一割から二割への患者負担の引き上げ、二〇一四年六月成立の地域医療・介護総合確保推進法に基づく病床の機能分化（病院機能報告制度、地域医療構想、都道府県の権限強化）と相まって、高齢者が制度的に医療から排除される傾向が強くなっている。しかも、二〇一五年五月成立の医療保険制度改革関連法によって、保険外負担の拡大（食事療養標準負担額の一食二六〇円から二〇一六年度三六〇円→二〇一八年度四六〇円に引き上げ、五〇〇床以上の大病院受診時の定額負担の二〇一六年度からの導入、混合診療を一般化する患者申し出療養制度の二〇一六年度からの導入）や、低所得後期高齢者の保険料引き上げ（二〇一七年度からの低所得者特例軽減措置の廃止）、国民健康保険運営の市町村から都道府県への移管（二〇一八年度）が推進されている。

そのうえ、財務省による医療保険制度改革案（二〇一七年一〇月二五日）によれば、①七五歳以上の患者負担一割→二割負担への引上げ（二〇一九年度〜）、②紹介状なく外来受診の場合の負担増の病院拡大、③市販品類似医薬品の保険給付対象外化（種類により患者七〜一〇割負担、どの薬も一定額まで全額負担）などが進められようとしている。

高齢者医療制度に関しては、少子高齢化の進行を高齢者の負担責任に直結させる後期高齢者医療制度を一旦廃止したうえで、国民健康保険制度に七五歳以降も入り続けられるようにし、保険料負担に耐えられる水準にするよう税負担の割合を高めると同時に（医療のナショナル・ミニマム化）、市町村の独自軽減措置や一般会計からの法定外繰入を継続・拡大することができる（ローカル・ミニマム）ようにするためには、国保運営の都道府県単位化（二〇一八年度～）の検証が求められる。

四　介護保険制度改革

1　介護と介護保険制度をめぐる現状

六五歳以上の介護保険第一号被保険者数は、二,二四二万二,一三五人（二〇〇〇年度）から三,四一五万三,九八四人（二〇一六年度）へと五二・三二％増加しているのに対して、要介護認定者数は、二四七万九八八人（二〇〇〇年度）から六一六万一,八九四人（二〇一六年度）へと一四四・九三％増加しており[18]、この一七年間で高齢者の増加速度の三倍近くのテンポで、要介護高齢者が増加している。その結果、高齢者に占める認定者の比率は、一一・〇％（二〇〇〇年度）から一八・〇％（二〇一六年度）へと高まってきている。その一方で、養護者（家族）による高齢者虐待件数は、二〇〇八～一六年度の間、一五,〇〇〇～一六,〇〇〇件程度で推移しており[19]、二〇〇五年の高齢者虐待防止法制定以降、減少するよりも、むしろ高水準化する傾向が見られる。

介護保険給付費は、居宅サービスを中心とするサービス受給者数の増加を背景として、三・六兆円（二〇〇〇年度実績）から一〇・八兆円（二〇一七年度当初予算）へと、この一八年間で三倍の伸びを見せている。それに伴い、保険者団体数・割合は多いとは言えないものの、財政赤字に伴う貸付を受けた団体・割合・貸付金額は、一〇一二年度三〇団体（全保険者の一・九％）に九五一億四六〇〇万円、二〇一三年度六六団体（四・二％）に九七七億一七〇〇万円、二〇一四年度一二五団体（七・九％）に一〇五二億八六〇〇万円、二〇一五年度七団体（〇・四％）に一〇五四億一八〇〇万円、二〇一六年度一五団体（〇・九％）に一〇五七億三二〇〇万円、二〇一七年度二三団体（一・五％）に一〇六二億八三〇〇万円へと、貸付金額は一定の増加を見せている。[20]ただし、全体としては介護保険財政が比較的安定しているのは、予防効果というよりも、要支援者への予防給付の利用回数が制限されることによって、軽度者の利用が伸び悩んだ結果と言える。

介護人材の供給・需要バランス面では、介護職員の置かれている労働条件は一般的な水準と隔たった状況にある。[21]介護労働者の非正規比率（二〇一六年度）は、全体で四四・〇％を占めている（訪問介護員七六・〇％、介護職員三九・六％）。介護労働者の平均賃金（二〇一六年度所定内賃金）は、二二万四八四八円（男二三万三九五七円、女二二万一〇七七円）となっており、全産業平均（二〇一六年度）で見ると（二〇一六年度所定内賃金）、三〇万四〇〇〇円（男三三万五二〇〇円、女二四万四六〇〇円）となっている。全産業平均と比べると、月八万円程度の格差が見られるが、とくに男性同士の格差が大きい。そして、介護人材の需要側である事業所サイドから見ると、介護労働者の「不足」＋「やや不足」感を感じている事業所割合は、二〇一五年度六一・三％→二〇一六年度六二・六％→二〇一七年度六六・六％と漸増傾向が見られる。

厚生労働省の推計によれば、[22]現在の介護職員約一九〇万人（二〇一六年度）に対して、団塊の世代がすべて七五歳以上になる二〇二五年度の必要人数としては約二四五万人になるが、約三三・七万人不足する見込みである（確保見込みの充足率八六・二％）。一方、介護離職者数は一〇万一一〇〇人（二〇一二年）から九万九一〇〇人（二〇一七年）となっており、五年間で大きな減少は見られない[23]。介護職の社会的評価を抜本的に高めなければ、介護離職ゼロへの接近は難しい状況にある。

2　介護保険制度の財政構造と制度改革

利用料を除く介護保険給付費のうち、五〇％が保険料で、残り五〇％は国・都道府県・市町村の税（公費）負担で賄われており、保険料負担分五〇％は、三年単位で、第一号被保険者（六五歳以上）数：第二号被保険者（四〇歳以上六五歳未満）数の人口比率に基づいて按分される。その結果、第一号被保険者の分担比率は二〇〇〇～一七年度（第Ⅰ～Ⅵ期）にかけて一七％から二二％へ高まる一方、第二号被保険者の分担比率は三三％から二八％へ下がってきている。すなわち、介護保険制度においても、年金のマクロ経済スライド方式や医療の後期高齢者医療制度と同様、少子高齢化の進行（四〇歳以上に占める六五歳以上人口の比率の増加）に伴って、高齢者の負担（六五歳以上の保険料分担比率）が高まる構造が制度的に内部化されており、今後も続く高齢化の進展とともに、高齢者にとって保険料の負担が困難になり困窮化が進む、いわば「負担貧困」が拡大する恐れがある（二〇一八～二〇年度の第Ⅶ期介護保険料の全国平均月額は五,八六九円であるが、厚生労働省の見込みでは、二〇二五年度には八,一六五円になる）。自治体の側でも、そのような状況に合わせて、単独減免を実施する保険者が二〇〇一年度一三四保険者（四・七％）から二〇一七年度四九六保険者（三一・四％）に広がる傾向が見られ、保険料滞納による差し押さえ処分決定人数は二〇一四年度七九〇〇人から二〇一七年度一六,一六一人に増える傾向が見られる[24]。

しかし、近年の介護保険制度改革も、給付の重点化、制度の効率化という方向で進められており、とりわけ、二〇一四年成立の地域医療・介護総合確保推進法により、要支援高齢者の訪問介護・通所介護は二〇一五〜一七年度の三年間で地域支援事業に移行させられ、原則として専門的な保険給付から外されることになった。また、二〇一五年四月からは、要介護二以下の高齢者は新規に特別養護老人ホームに入所できなくなった。さらに、同年八月から、一定以上の所得のある利用者（単身世帯で年金収入二八〇万円以上、二人以上世帯で三四六万円以上）の介護保険サービス利用料は一割から二割へ引き上げられることになった。そして、利用者だけではなく、二〇一五年度の介護報酬の二・二七％引下げや人手不足により、介護保険事業所の倒産、廃止・休止が相次いでいる[25]。

これらの状況は、いわば、介護人材の供給持続性、利用者のサービス利用の持続性、介護事業所の事業の持続性、という三つの側面における持続可能性が問われている状況と言えよう。

しかも、先述の経済・財政再生計画改革工程表（経済財政諮問会議）や社会保障改革工程案（財務省財政制度等審議会）により、利用者負担のあり方、高額介護サービス費制度の見直し、軽度者への生活援助、福祉用具貸与および住宅改修の負担のあり方、等の検討が進められてきた。その結果、介護保険関連法の改正（二〇一七年五月二六日成立）に基づき、①利用料の負担割合二割から三割（二〇一八年八月〜：単身で年収三四〇万円以上、夫婦で四六三万円以上）への引上げ、②第二号被保険者保険料の「総報酬制」の導入（二〇一七〜二〇年度）、③介護療養病床の廃止期限の再延長（二〇一七年度末から二〇二三年度末へ）と新たな類型施設「介護医療院」の創設（二〇一八年度〜）、④「共生型サービス」の導入（二〇一八年度〜）が図られた。

さらに、財務省による介護保険制度改革案（二〇一七年一〇月二五日）によれば、①生活援助中心の訪問介護の回数制限と報酬の引下げ、②ハビリ専門職を配置していないデイサービス事業所の介護報酬の引下げ、③要介護一・二の生活援助の市町村地域支援事業（介護予防・日常生活支援総合事業）への移行などがめざされ、制度の効率化、給付の重点化が一層進められようとしている。そして、二〇一八年度の介護報酬改定により、「自立支援型介護」の名の下に、生活援助や通所介護の報酬が基本的に下げられる一方、利用者の自立度の点数評価により、六ヶ月後の点数評価が上がった利用者がより多ければ「成功報酬」が事業所に支払われる仕組みも導入されている。

このように、要支援一・二から要介護一・二の保険給付対象外化などの「給付の重点化」、利用料の一割→二割→三割負担などの「制度の効率化」が図られている政策方向に対峙し、介護保険制度の公共性を回復させるためには、ドイツの介護保険制度をも参考にしながら、[26] 居宅サービス利用料の無料化（一〇割給付化）、保険料の年金に対する定率負担化および年金保険者との折半負担化をおこなったうえで（ナショナル・ミニマム）、各市町村で利用者・家族に対する個別ニーズに即した普遍的・包括的な給付や家族支援（介護手当等）が受けられる仕組みづくり（ローカル・ミニマム）を進める必要がある。

五　児童福祉制度改革

二〇一二年八月一〇日に、子ども・子育て支援法、認定こども園法の一部改正法、関係法律の整備法（児童福祉法改正法案を含む）が成立し、子ども・子育て支援新制度が二〇一五年度に全面施行された。新制度の給付体系は、大別すると、「子ども・子育て支援給付」と「地域子ども・子育て支援事業」から構成されるが、子ども・子育て支援給付は認定制度を前提とするものである。

介護保険制度や障害者支援制度が、認定に基づく給付と市町村事業に大別されたように、子ども・子育て支援新制度も同様の構造をもっており、政権与党の変遷はあったものの、介護保険制度が施行された二〇〇〇年度から、子ども・子育て支援新制度が施行された二〇一五年度までのおよそ一五年かけて、高齢者・障害者・児童の福祉システムは、介護保険制度をモデルとした同様の体系が構築されてきたとも言える。

- 介護保険制度（二〇〇〇年度〜）
  給付：介護給付・予防給付＋地域支援事業
  認定：要介護度・要支援度の認定
- 障害者福祉（障害者自立支援法二〇〇六年度、障害者総合支援法二〇一三年度〜）
  給付：自立支援給付＋地域生活支援事業
  認定：障害支援（程度）区分の認定
- 児童福祉（子ども・子育て新制度二〇一五年度〜）
  給付：子ども・子育て支援給付＋地域子ども・子育て支援事業
  認定：要保育度（保育の必要性・必要量）の認定

「子ども・子育て支援給付」は、さらに、定員二〇名以上の「施設型給付」（保育所、幼稚園、認定こども園）と定員二〇名未満の「地域型保育給付」（小規模保育、家庭的保育、事業所内保育、居宅訪問型保育）に分けられるが、「地域型保育給付」は資格要件が緩和され、保育士等の資格がなくても研修を受けた支援員の配置が認められており、保育の質の低下が懸念される。「施設型給付」は、保育を要するか否かで、一号認定（三歳以上で保育を要しない）、二号認定（三歳以上で保育を要する）、三号認定（三歳未満で保育を要する）の三種類に区分され、二号と三号はさらに、保育を要する時間によって、短時間（最大八時間まで）と標準時間（最大一一時間まで）に区別される。まさに、「保育の介護保険制度化」を図るシステム転換と言えるが、児童福祉法第二四条第一項における市町村の保育実施責任は、このような認定制度の時間枠内の責任に限定され、認定こども園と同じく、「地域型保育給付」は同条第二項の契約制度として位置づけられたうえで、保育の資格要件は緩和されており、保育実施責任の限定と保育の質の低下を促す制度化が図られたと言える。

認定制度の合理性や制度設計全体の再検討（ナショナル・ミニマム）とならんで、各市町村においては、定員、認定上の時間に関係なく、市町村の保育実施責任や質の担保が実質的に果たされる条件整備（ローカル・ミニマム）が、地方版子ども・子育て会議などで検討されていく必要があるだろう[27]。

他方で、保育所等の待機児童は、全国で二三，五五三名（二〇一六年四月一日）、二六，〇八一名（二〇一七年四月一日）となっており[28]、むしろ増えている。その背景には、保育士不足と保育所不足がある。全国の保育士の有効求人倍率は二・一八倍（二〇一六年一月）、三・一二倍（二〇一八年三月）であり、人手不足がうかがえる。しかし、安定した職種とは言えず、保育士における非正規比率は四二・一％（二〇一六年度：公立五〇・四％、私立三六・六％）であり[29]、その割合は一九九九年度以降、高まる傾向が見られる。二〇一七年度の処遇改善措置として保育所全職員への二％（月六千円程度）の賃上げが実施されたが、民間保育所保育士給与月額平均（二〇一七年度、賞与除く）は二二九，九〇〇円であり、全職種平均三三三，八〇〇円と比べて、依然として月一〇万円以上の格差がある。厚生労働省の調査研究報告書では、(30)二〇一七年度末で必要とされる保育士約四六万人であるが、保育所に勤めている保育士は約三八・六万人であり、約七・四万人の保育士不足が見られる。一方、二〇二〇年度「待機児童ゼロ」達成（二〇一七年度から延期）に必要な保育の受け皿は、三二万人分（政府推計）とされているが、民間シンクタンクでは約六〇～八八万人分と推計されている。政府推計では、女性の就業率八〇％と保育所等申込率五四％の差二六％のうち、あきらめている潜在的ニーズが捉えられていない。

六　生活保護制度改革

生活保護分野では、二〇一三年八月に保護基準の引下げが実施され、二〇一三年八月～二〇一五年度の三年間で生活扶助費が六七〇億円削減された。このうち、社会保障審議会生活保護基準部会による検証をふまえた削減は九〇億円であり、二〇〇八年からの物価下落を反映させた削減は五八〇億円であった。前者においては、比較対象にすべきは、一般国民の平均的消費水準（消費支出）であるが、実際には、根拠不明のまま最低所得階層が比較対象に据えられたという重大な問題がある。(31)後者についても、物価下落と生活扶助の関係は基準部会では議論されておらず、厚労省独自の作業であり、しかも物価下落率が大きい電気製品が保護世帯ではほとんど購入されていないにもかかわらず、ウエイトが変えられていない問題が指摘されている。(32)そのうえ、二〇一三年末には生活扶助の「期末一時扶助」も七〇億円削減され、二〇一五年七月から三年間で住宅扶助が一九〇億円削減され、二〇一五年一一月からは生活扶助の冬季加算が約三〇億円削減された。

二〇一七年骨太方針（「経済財政運営と改革の基本方針二〇一七」二〇一七年六月九日閣議決定）

は、「医療扶助費適正化のため頻回受診対策や後発医薬品の使用促進を強化する」ほか、「生活扶助基準について、一般低所得世帯の消費実態との均衡等の観点からきめ細かく検証する」との保護基準の見直しの方向を示した。その結果、二〇一八年度の生活扶助基準の見直しでは、生活扶助費が、二〇一八年一〇月～二〇二〇年一〇月にかけて一八〇億円削減されることになり、母子加算も二〇億円削減されることになった（児童養育加算は四〇億円増）。それに伴い、生活扶助額（母子加算や児童養育加算を含む）は、受給世帯の六七％で減額になることが見込まれている。さらに、生活保護法の改正（二〇一八年六月成立、一〇月一日施行）により、医療扶助は後発医薬品で行うことが原則化された。

生活扶助の新基準では、「高齢単身」世帯の場合、中所得層の五四％の水準、「高齢夫婦世帯」では、中所得層の五六％の水準になるが（社会保障審議会生活保護基準部会二〇一七年一二月一二日）が、そこには、やはり水準均衡方式（一般世帯の消費支出の七割弱程度の水準）からの変質化が見られる。年収階層第一・十分位階層（最低所得一〇％層）の消費支出に合わせた引下げは、その階層の消費支出を引下げることになり、さらなる保護基準の引下げにつながる。保護基準の引き下げは、本来保護が必要な人が多い低所得層で益々保護が受けにくくなり、その結果、第一・十分位階層の所得が減るため、さらなる保護基準の引下げにつながる（ナショナル・ミニマムの際限なき底割れ）。また、子どもの多い家庭での減額や母子加算の引下げは、子どもの貧困問題の増幅につながる。また、母子加算の引下げは、ひとり親で子育てする困難さ（パートナーのサポートをうけられない）が考慮されていない。

生活困窮者自立支援法の改正（二〇一八年六月成立、一〇月一日施行）により、「生活困窮者とは、就労の状況、心身の状況、地域社会との関係性その他の事情により、現に経済的に困窮し、最低限度の生活を維持することができなくなるおそれのある者」と定義が見直され、地域社会との関係性による孤立化が困窮化の一因になることが示唆された。そして、(1)生活困窮者に対する包括的な支援体制の強化(自立相談支援・就労準備支援・家計改善支援事業の一体的実施の促進、就労準備支援・家計改善支援事業の実施努力義務)、(2)子どもの学習支援事業の強化(学習支援のみならず生活習慣・育成環境の改善に関する助言等の追加)、(3)居住支援の強化(一時生活支援事業の拡充として、シェルター等の施設退所者や地域社会から孤立している者に対する訪問等による見守り・生活支援の創設)が主な改正点となった。貧困と生活問題の多様化に合わせて、各市町村・各地域で、様々な生活困窮者をめぐる行政、専門機関、市民活動団体がどれだけ有効に連携して実践的な地域福祉ネットワークづくりが形成されうるのかが問われる。同時に、これまで述べてきたセーフティネットの政策基盤の陥穽から貧困が再生産されている側面が見逃されてはならない。そのためにも、あらためて、ナショナル・ミニマム、ローカル・ミニマムという国・地方の行政責任の再構築と、その基盤上でのシビル・ミニマムという住民ベースの地域福祉活動の発展が展望されるであろう。

生活保護基準の引下げは、地方税非課税、介護保険料減免、国民健康保険料減免、保育料減免、就学援助などの低所得者対策や最低賃金(約四〇種類の制度)にも影響し、生活保護受給者だけではなく、それに近い低所得者の各種減免措置等の適用対象が引き下げられることになり、いわば芋づる式に貧困が拡大再生産される恐れがある。一方で、保護基準以下の生活水準にありながら、一~二割程度の低い生活保護補足率の問題(生活保護の補足率二〇〇七年一五・三%、二〇一六年二二・九%)も横たわっている。そこには、「濫救」への適正化が推進されても、「漏救」への適正化は推進されない政策矛盾が見られる。

とくに、高齢者世帯においては、生活扶助の老齢加算が廃止された(二〇〇六年度)影響もあり、高齢期のナショナル・ミニマムが底割れする状況にある。老齢加算の復活、生活保護基準の引き戻しにより、ナショナル・ミニマムの底割れの修復を図るとともに、生活保護水準以上の給付水準を保障する老齢基礎年金制度の再構築が求められる。

七　社会保障と消費税増税

第二次安倍内閣の下で、消費税率は二〇一四年四月に五％から八％へ引き上げられた。二〇一五年一〇月には八％から一〇％への再引き上げが予定されていたが、二〇一七年四月に一年六ヶ月延期された。当時の安倍首相は「再延期はない」と言明していたが、結局、二〇一九年一〇月に二年六ヶ月再延期された。再延期期限までに、二〇一八年一二月の衆議院議員任期満了、二〇一九年春の地方議会議員統一選挙、同年夏の参議院議員選挙があることを考えると、再々延期の可能性も考えられなくはない。二〇二〇年度の基礎的財政収支黒字化という財政再建目標の達成はほぼ難しくなったものの、それまでに少しでも努力したという形を残す姿勢の表れと言えよう。

「社会保障・税の一体改革」という看板を額面通り受け取る立場からすれば、今回の引上げは政治的信頼関係を損なうものであり、社会保障の充実を遠のかせるものと映る。事実、世論調査では、消費税増税を「延期すべき」という回答が五九％と多数派を占める一方で、延期で社会保障に悪い影響が出る不安を「感じている」という回答も六四％と多数派を占めており(33)、負担増は嫌だが、社会保障の充実に支障が出ることへの懸念も同時に示されている。しかし、経済状況を見て首相が増税を判断するのであれば、経済という生き物に対して、何年何月に引き上げを実施するという楔を打ち込むこと自体に無理がある。実質賃金の減少や可処分所得の内的圧縮を通じて、消費不況という景気へのマイナス影響が出ることに対しても慎重な姿勢が求められる(実際、二〇一四~一七年度は個人消費が連続マイナスとなっている)。

実際には、「社会保障・税の一体改革」という看板を社会保障の側から見れば消費税との一体化が強められていくとしても、消費税の側から見れば社会保障への支出は一部に過ぎない。消費税の八%から一〇%への引き上げ(二〇一七年四月~二〇一九年一〇月)により、一〇兆円の消費税収を逸失することになる。しかし、公約に基づく社会保障の充実に必要とされた主要な経費は年間で見て、①国民年金の受給資格の短縮化(二五年→一〇年)三〇〇億円、②六五歳以上の低所得者の介護保険料軽減(一~三割)一二〇〇億円、③低年金者給付(一人最大月五〇〇〇円)五六〇〇億円、④子育て支援一〇〇〇億円であり、①~④の合計で八一〇〇億円程度である。

消費税が五%から八%に引き上げられた際の三%分八・二兆円(二〇一五年度)についても、社会保障の充実分は一兆三五〇〇億円(二〇一五年度)であり、残り六兆八五〇〇億円(国債償還三・四兆円、基礎年金国庫負担三・一兆円、消費税増税に伴う社会保障経費増〇・三五兆円)は国債の償還や財源の組み替えが大部分を占めており、それ自体は国民にとって充実と受け取められるものではない。むしろ、安倍内閣の四年間(二〇一三~一六年度)で、高齢化に伴う社会保障の自然増の削減一兆三二〇〇億円(年平均三三〇〇億円)が介護報酬の削減や生活保護費の切下げを通じておこなわれ、さらに、年金給付三・四%一・七兆円の削減、要支援者への予防給付の地域支援事業化・介護サービス利用料の二割負担化・七〇代前半患者の医療費二割負担化(二二〇〇億円)により、給付費一兆円九二〇〇億円が削減されている。しかも、消費税には食品等への軽減税率を導入しても逆進性が伴い、生活問題を解決する社会保障の側から見れば、いわば生活困窮者、低所得者ほど負担率が重くなる財源をあてにするというパラドクスに陥る。

消費税（増税分）だけを社会保障の財源に一元化していく財政政策は、所得税と同様に一般税である消費税が社会保障以外への「流用」を可能とするにもかかわらず、消費税増税が社会保障の充実のためだけにおこなわれるかのような幻想を生み出す（実際、安倍首相は、消費税増税分は「すべて社会保障の充実・安定化に向ける」と公言してきたが）。「社会保障・税の一体改革」を消費税の側からみれば、その半分程度は国債の償還に回される財政の均衡化を目的としていると言わざるを得ない。そのような財政対策の面から消費税増税を見た場合、社会保障と抱き合わせの政策表現は政治不信を招きかねない。しかも、財政対策として歳入を考えた場合でも、資産課税や所得課税の強化、優遇税制、税回避対策にも目が向けられるべきであるし、歳出面における抜本的な見直しも課題となる。また、株価引き上げを図るために年金の株式運用比率の比重を高めた結果としての巨額の運用損失（二〇一五年度決算で△五兆円超）は、年金給付財源としての消費税とその増税の意義を見失わせる「政府の失敗」と言える。「社会保障・税の一体改革」を税の側から見て社会保障のための確実な歳入の担保にするためには、一般税ではなく、消費税や所得税（あるいは、それらの税率の一部）を目的税化することも考えられる。

八　まとめ―近年の社会保障制度改革の特徴―

以上述べてきた通り、近年の社会保障制度改革の特質である「給付の適正化」と「制度の効率化」が、生活困難・負担貧困の増大、生活の質の低下をもたらし、貧困を解決するはずの社会保障が、その改革を通じて貧困を制度的に再生産するというパラドクスに陥っている。二〇一八年骨太方針では、

「全世代型社会保障」の確立が謳われ、介護離職ゼロや待機児童問題の解消などが喧伝されているが、現実に進行しているのは、介護破綻と保育破綻である。

高齢者介護では、人材、事業所、利用者が三すくみ状態に陥り、生活と支援の持続性は損なわれて制度が持続するというパラドクスに直面している。とくに大量の介護人材不足が予想されるなかで、「介護してほしい時に介護なし」の現実が迫りつつある。それは、保育でも同様であり、大量の保育人材不足が表面化するなかで、「保育してほしい時に保育なし」の現実に直面している。まさに、介護破綻と保育破綻である。

さらに、生活保護基準の引下げにより、「貧困の芋づる式拡大再生産」が表面化するであろう。ナショナル・ミニマムの底割れによる保護受給者の生活逼迫と、基準引下げに伴う保護周辺領域層の減免措置除外や低所得稼働層の最低賃金引下げへの連動により、貧困が制度的に増幅、拡大再生産される。いわば、介護破綻や保育破綻などとならんで、「全世代型・全国民型福祉破綻」の出現である。地方自治レベルや市民活動レベルでは、生活困窮者支援に向き合わざるをえず、そこからの実践的なモデル発信や政策提言が求められるが、同時に、制度的に生み出される貧困問題を直視し、そこへの政策批判の眼を曇らせてはならない。社会保障の私的保障化、私的利益への分解が進行するなかで、その真の民主的な再構築が求められる。

おわりに——福祉と権利・社会保障——

A.センは、福祉とは、価値ある生き方と、その生き方の選択肢である潜在能力（個人的能力だけではなく社会条件の整備を含む）がその本質をなすことを明らかにしている(34)。そして、権利や社会保障は、そのような人間の発達に導かれて制度化されるものであることを示唆している。「社会保障」の「保障」は、保（小城）＋障（砦）という文字から構成され、生命・生活の危険に対して支え、防ぐことを意味する。英語では、社会保障は social security と表現されるが、security はラテン語の se-curus に由来し、不安からの解放を意味する。すなわち、社会保障とは、社会の責任で、国民を不安から解放することを意味する。しかし、今日の社会保障制度は、その改革を通じて、老後の不安を増幅させ、生活が苦しいと感じる国民が多くなっており、いわば制度矛盾に陥っている。

社会保障の範囲、内容、水準に関する権利は、受動的に与えられるものではなく、生活実態に根ざした民主的合意形成や運動によって確立・向上させられていくものである。A．センによれば、価値ある生き方の実現に向けた社会的コミットメントは、民主主義の成熟度により影響される。高齢化が進行するほど、高齢者は社会の多数派を形成していく。民主的意思決定において、高齢者の生活実態に根ざした生活保障施策に向けた主体者としての発言と行動の影響力は強くなっていくはずである。

注

(1) たとえば、内閣府「国民生活に関する世論調査」（二〇一七年六月）によれば、今後、政府はどのようなことに力を入れるべきだと思うかという問いに対して、「医療・年金等の社会保障の整備」（六五・一％）、「景気対策」（五一・一％）、「高齢社会対策」（五一・一％）、「雇用・労働問題への対応」（三七・三％）という順となっている（複数回答）。

(2) 国税庁企画課「平成二八年分民間給与実態統計調査結果について」（二〇一七年九月）

(3) 厚生労働省大臣官房統計情報部「平成二四年国民生活基礎調査の概況」（二〇一三年七月）および「平成二

九年国民生活基礎調査の概況」（二〇一八年七月）を参照。

（4）同上「国民生活基礎調査の概況」平成二四年版、平成二九年版を参照。なお、高知県における要介護高齢者・家族の生活意識調査によれば（二〇一四年一一月調査）、「苦しい」と「やや苦しい」を合わせて五九・二％となっている（田中きよむ「高知県における介護保険サービスの利用動向と意識―要介護高齢者・家族中心に―」『ふまにすむす』第二七号、二〇一六年三月、二〇～四六頁）。

（5）厚生労働省『働く女性の実情』平成二四年版、同平成二八年版を参照。

（6）厚生労働省「被保護者調査（平成三〇年三月分概数の結果」（二〇一八年六月）

（7）文部科学省初等中等教育局児童財務課「就学援助実施状況等調査結果」（二〇一七年一二月）

（8）厚生労働省大臣官房統計情報部「国民生活基礎調査の概況」各年版を参照。

（9）たとえば、NHKスペシャル取材班『老後破産』（新潮社、二〇一五年）、河合克義『老人に冷たい国・日本』（光文社、二〇一五年）、藤田孝典『下流老人』（朝日新聞出版、二〇一五年）、河合克義「高齢者の実態からみえてくる政策課題」（『経済』NO．二七七、二〇一八年一〇月号）を参照。

（10）窪田修編著『日本の財政』平成二八年度版、国立社会保障・人口問題研究所「社会保障費用統計」（二〇一八年八月）を参照。

（11）福祉システム間の国際比較とその相互接近を考察したものとして、田中きよむ・霜田博史「北欧型福祉システムとヨーロッパ・アジア型福祉システムの比較検討―スウエーデン・ドイツ・韓国の実情―」（『高知論叢』第一一一号、二〇一五年、九九～一五六頁）を参照。

（12）金融広報中央委員会「家計の金融行動に関する世論調査［二人以上世帯調査］」（二〇一七年）

（13）『生活保護手帳』二〇一七年度版（中央法規出版）

（14）厚生労働省年金局「平成二八年度　厚生年金保険・国民年金事業の概況」（二〇一七年一二月）

（15）厚生労働省年金局「平成二八年度の国民年金の加入・保険料納付状況」（二〇一七年六月）を参照。なお、

国民年金の歳入歳出差は、一一五七億円（二〇一五年度）、四九三億円（二〇一六年度）、一三三億円（二〇一七年度）と推移し、厚生年金の歳入歳出差は、二兆二六三五億円（二〇一五年度）、三兆九六〇億円（二〇一六年度）、一兆五八八一億円（二〇一七年度）と推移している（厚生労働省年金局「厚生年金・国民年金の収支決算の概要」平成二八年度、二九年度）。

(16) 各医療保険の最近二年間の二〇一五年度（括弧内は二〇一四年度）の経常収支差は、組合健保一二七九億円（六三四億円）、協会けんぽ二四四二億円（三七一九億円）、船員保険一四億円（八億円）、国共済四三三億円（四五二億円）、地共済九四四億円（九四八億円）、私学共済△三九億円（△三億円）、市町村国保七六五億円（八一六億円）、国保組合一〇億円（一一一億円）、後期高齢者医療制度二六四億円（七九八億円）となっている（厚生労働省保険局調査課「医療保険に関する基礎資料―平成二七年度の医療費等の状況―」二〇一七年一二月）。

(17) 滞納被保険者数は、二三万八〇二二人（二〇一四年度）、二三万五七三一人（二〇一五年度）、二三万一五〇二人（二〇一六年度）、二三万一〇〇六人（二〇一七年度）と推移しており、短期被保険者証交付数は、二万三三七九人（二〇一四年度）、二万五五七二人（二〇一五年度）、二万三六八五人（二〇一六年度）、二万四二〇三人（二〇一七年度）と推移している（厚生労働省「平成二八年度後期高齢者医療制度（後期高齢者医療広域連合）の財政状況等について」二〇一八年三月九日）。

(18) 厚生労働省「介護保険事業報告」各年度

(19) 養護者（家族）による高齢者虐待件数は、二〇〇八年度一四,八八九件、二〇〇九年度一五,六一五件、二〇一〇年度一六,六六八件、二〇一一年度一六,五九九件、二〇一二年度一五,二〇二件、二〇一三年度一五,七三一件、二〇一四年度一五,七三九件、二〇一五年度一五,九七六件、二〇一六年度一六,三八四件と推移している（厚生省老健局高齢者支援課「高齢者虐待の防止、高齢者の養護者に対する支援等に関する法律に基づく対応状況等に関する調査結果」各年度）。

（20）厚生労働省「財政安定化基金貸付等状況」各年度
（21）介護労働安定センター「平成二七～二九年度介護労働実態調査」、厚生労働省「平成二八年度賃金構造基本統計調査の概要」を参照。
（22）厚生労働省社会・援護局福祉基盤課「第七期介護保険事業計画に基づく介護人材の必要数について」（二〇一八年五月二一日）
（23）総務省統計局「平成二四年就業構造基本調査の結果」（二〇一三年一〇月四日）、同「平成二九年就業構造基本調査の結果」（二〇一八年七月一三日）
（24）厚生労働省老健局介護保険計画課「平成二六年度介護保険事務調査の集計結果について」（二〇一五年三月一六日）、厚生労働省老健局介護保険計画課「平成二九年度介護保険事務調査の集計結果について」（二〇一八年七月二五日）
（25）老人福祉・介護事業の倒産件数は、三七件（二〇一二年度）→五七件（二〇一三年度）→六八件（二〇一四年度）→六四件（二〇一五年度）→一〇七件（二〇一六年度）→一一五件（二〇一七年度）と推移し、とくに二〇一六年度から一〇〇件を突破する増加ペースになっている（東京商工リサーチ「二〇一七年度『老人福祉・介護事業』の倒産状況」二〇一八年四月九日）。
（26）前掲注（11）田中・霜田（二〇一五）を参照。
（27）高知県内各市町村の保護者へのアンケートや市町村・保育所への聞き取りに基づく地方の現状と課題については、田中きよむ「過疎地における保育の現状と課題」（中山徹・杉山隆一編著『直前対策　子ども・子育て支援新制度ＰＡＲＴ２』自治体研究社，二〇一三年）を参照。
（28）全国保育団体連合会・保育研究所編『保育白書』二〇一七年版・二〇一八年版を参照。
（29）全国保育協議会「全国保育協議会会員の実態調査報告書二〇一六」（二〇一七年六月）を参照。
（30）三菱ＵＦＪリサーチ＆コンサルティング「保育士の需給状況等に関する調査研究報告書」平成二一年度を参

照。

（31）このような比較対象の問題点については、布川日佐史『生活保護の論点』（山吹書店、二〇〇九年）第一章を参照。

（32）この点については、山田壮志郎「生活扶助相当CPIの問題点―生活保護世帯の消費実態を反映しない物価指数―」（二〇一三年四月九日、記者会見資料）、白井康彦『生活保護削減のための物価偽装を糾す！』（あけび書房、二〇一四年）を参照。

（33）『朝日新聞』二〇一六年四月一二日付

（34）A．センの福祉経済思想については、田中きよむ『少子高齢社会の福祉経済論』（中央法規出版、二〇〇四年）、同『改訂版 少子高齢社会の福祉経済論』（中央法規出版、二〇〇六年）を参照。

（たなか　きよむ・福祉行財政論）

Ⅳ　書評

《書評》

宮本憲一著『戦後日本公害史論』

川瀬憲子
（静岡大学）

本書の特徴と日本学士院総受賞

本書は、戦後日本の政治経済の発達史と関連づけながら公害史を論じた七八〇頁にも及ぶ大著である。宮本憲一氏は、この著作で二〇一六年度日本学士院賞を受賞された。九名の受賞者のうち、理系七名を占めていることからもわかるように、圧倒的に理系優位の賞だが、歴代受賞者をみると、ノーベル物理学賞受賞者らが名を連ねている。文系のなかでも社会科学者の受賞はごくわずかであり、公害・環境研究のような学際的な分野での受賞は皆無に等しかったといってもよい。

日本学士院賞の授賞理由には、「戦後日本の公害史を政治経済の立場から初めて本格的に分析」したとされている。さらに、「世界史上に残るような戦後日本の深刻な諸公害は、地域住民の健康被害を無視してひたすら経済成長を追求する企業の起こした公害に対して、政府や学界が的確な原因究明と防止策を講じなかったために生じた政官財学の複合体によるシステム公害であること、それゆえに地域住民が住民運動と裁判闘争によって公害の克服に努めねばならなかったことを究明」した点が高く評価されている。著者によれば、「市場の欠陥」と「政府の失敗」の相乗によって、戦後日本の公害は深刻となり、公害・環境対策は長期にわたって停滞することになるのだが、それを克服したのが市民運動・自治体改革と公害裁判である。

本書ではイタイイタイ病、新潟水俣病、四日市公害、熊本水俣病の四大公害裁判についても非常に詳しく分析がなされている。その過程で被害者救済制度が創設され、原因者負担原則が打ち立てられていくこととなる。補章にあたる第10章「公害は終わっていない」では水俣病問題、アスベスト災害、福島第一原発事故が取り上げられ、史上最大最悪のストック公害がなぜ繰り返され「歴史の教訓」が無視されたのか、その改革と「維持可能な社会」への展望について論じられている。これまでのご研究の集大成ともいえる労作である。

本書の構成と目的

本書の構成は次の通りである。序章　戦後日本公害史論の目的と構成、第一部　戦後復興と環境問題、第一章　戦後公害問題の史的展開、第二章　高度経済成長と公害問題―史上空前の深刻な公害の発生―、第三章　公害対策の展開―オールタナティブな政治経済システムを求めて―、第四章　四大公害裁判、第五章　公共事業公害と裁判、第六章　公害対策の成果と評価、第二部　公害から環境問題へ、第七章　戦後経済体制の変容と環境政策、第八章　環境問題の国際化、第九章　公害対策の転換と環境再生、第十章　公害は終わっていない―補論―、終章　維持可能な社会（Sustainable Society）

まず、本書の目的からみておきたい。戦後日本の公害問題の歴史的国際的特徴として論じられているのは、日本の公害が欧米に先例がないほどの深刻な事態が現れたことであり、「公害先進国」ともよばれた。住民の人的被害が顕著であった。そのため、独自の公害健康被害補償法（公健法と略称）が成立するなど対策の先進性という評価も得ているほどである。ドイツの環境学者レビンダーや環境政治学者ワイトナーは、ドイツでは環境保全の制度や政策は上から政党や専門家が作ったのに対して、日本は住民の世論や運動が下から発議をしたと評価している。本書では、主として敗戦直後から一九九〇年代半ばまでの最も深刻な公害問題に焦点を当てて、被害の歴史と実態、原因とその責任、対策（告発・救済・予防・再生）について述べられている。

また「公害」の定義については、独自の日本的概念であるとして、TSUNAMIと同じように国際語にすべきとの持論を展開されている。歴史を辿れば明治初期に公益あるいは公利の反対概念として使用され一八九六年の河川法に使用されているが、産業革命を経て工業化と都市化が進むと「公衆衛生の害悪」として、公害が規定され「煙筒条例」や「発動機条例」などといった地方条例が作られるようになる。戦後最初に法概念化したのは東京都の公害防止条例（一九四九年）においてだが、日常的に用いられるようになるのは、一九六〇年代以降であった。特に転換点となるのが、静岡県東部のコンビナート誘致に反対する住民運動である。「一九六三〜六四年の静岡県三島・沼津・清水町二市一町の公害反対の予防運動が、政府と企業のコンビナート開発の阻止に成功して以来、環境汚染・破壊を公害として認識し、それを住民の世論と運動で解決する道が開けた」（九頁）のであり、「公害対策基本法はこの公害反対の世論と運動が高度成長・地域開発を阻止することを恐れて登場したともいえる」と論じられている。公害の定義として、「公害とは、⑴都市化工業化にともなって大量の汚染物の発生や集積の不利益が予想される段階において、⑵生産関係に規定されて、企業が利潤追求のために環境保全や安全の費用を節約し、大量消費生活様式を普及し、⑶国家（自治体を含む）が公害防止の政策をおこたり、環境保全の公共支出を十分におこなわぬ結果として生ずる、⑷自然および生活環境の破壊であって、それによって人の健康被害または生活困難が生ずる社会的災害である」（宮本憲一・庄司光『日本の公害』岩波新書、一九七五年）とされる。

ここで注目しなければならないのは、「社会的災害」という規定である。原発災害は自然災害と社会的災害が連続しており、複合していることである。公害・環境被害の社会的特徴として、被害は社会的弱者に集中するという特徴を有しており、環境破壊は事後的に保障が困難な絶対的不可逆的損失を含んでいる点が指摘されている。その意味では、金銭賠償にとどまらず、差し止めや予防のための有効な環境事前影響評価制度が求められることとなるが、原発災害やアスベスト災害は予防原則が働かなかった最大の失敗であると述べられている。

本書は通史ではなく、著者ご本人が現場で体験し、その中で理論化されたものであり、公害史論である。かねて主張されてきた中間システム論をもとに、政策形成過程が重視されている。日本が法治国家であるため、住民の要求が行政を改革し、裁判で判決が出て、議会で法案が通過して対策が始まるが、この政策決定過程が公害・環境対策の性格を決めるという側面がある。そのため、四大公害裁判、公共事業裁判、公害対策基本法の調和論論争、環境基本法における軍事と原発に関する論争などに大きな紙面が割かれている。七〇年代以降、都市型公害やアメニティを求める政策への関心が高まりを見せており、公害の様相は変化しつつある。「中間システムが変わらぬかぎり、公害は形を変えて現れる」（一九頁）という著者の指摘は鋭い。

本書の内容（前半）

第一章では、戦後復興期の経済と政治から展開されている。戦争は最大の環境破壊であり、民間人死者約七〇万人、軍人軍属死亡者約二四〇万人、合わせて三〇〇万人を超える人命を失った。製造業設備の約四〇％を焼失し、自然・文化財などの貴重な環境を失った。一九五〇年の朝鮮戦争と一九五二年の講和条約を経て経済が復興したが、安全を無視した経済再建であったとされる。第一章では経済復興期に発生した鉱害・パルプ水汚染事件とともに、鉱害の原点ともいえる水俣病とイタイイタイ病の初期の歴史について論じられている。

第二章では、深刻な公害の状況とその典型としての四日市と京葉工業地帯の公害が、取り上げられている。一九五四年から国民所得倍増計画を経て二〇年にわたる高度経済成長により、世界第二位の経済大国になる。政官財複合システムによって「奇跡の経済成長」が成し遂げられたが、同時にそのシステムが国土全体を公害のるつぼにしたとされる。

第三章では、革新自治体によって、政府より厳しい公害防止条例・防止協定が施行され、国内外の公害反対の世論を背景に、一九七〇年に政府が公害国会を開いて、環境関連一四法を制定、翌年に環境庁を発足させたこと、日本独自の自治体改革と公害裁判という二つの方法で公害問題解決への道が開かれた事実が述べられている。

第四章では、最後の救済を司法に求めたイタイイタイ病、新潟・水俣病、四日市公害の四大公害裁判について、詳細な資料をもとに論じられている。この裁判は、世論の圧力と当事者の努力で原告側の完全勝利を成し遂げた。

第五章では、公共事業による公害裁判が取り上げられている。争点となるのは環境権か公共性かといった点であり、公権力の公害対策に正面から挑む重大な裁判として論じられている。

第六章では、高度成長期までの深刻な公害問題について、何が解決したのか、どのような政策手段が有効だったのか、何が課題とされたのかについて、内外の評価を検討されている。一九七二年のストックホルムで開催された国連人間環境会議で採択された「人間環境宣言」では環境権を人権として宣言した。OECDは環境政策とくに経済政策の原則として、汚染者負担原則（PPP）を勧告した。この原理によって経済主体が環境保全の費用を負担することが国際貿易と投資の基本原理となった。日本独自のPPPである公健法と公害防止事業者負担制度について論じられている。

特に、公健法をめぐる国会での論争については、「衆議院公害対策並びに環境保全委員会議事録」（一九七三年）や「参議院公害対策及び環境保全特別委員会議事録」（一九七三年）など、詳細な議事録をもとに詳しい検討が加えられており、その中で「非特異性疾患」を第一種、「特異性疾患」を第二種とした過程についての論述が明快である。公健法は大気汚染対策のために緊急に作られたものであった。水俣病やイタイイタイ病などは全員健康調査をして、救済とくに補償の原則を決めるべきところ、その検討がないままに法制化されたことが、制度の欠陥を露呈させていくこととなる。これは、水俣病公式発見から六〇年経った現在でもなお続いている問題でもある。間違った認定制度によって多くの患者が切り捨てられるという状況が生み出されていくこととなった。

また公害防止事業費事業者負担法では、田子の浦へドロ除去事業では事業者の負担は八二％とされたが、経費の一八％は公共負担とされた。水俣病公害防止事業（一九七七年～一九九〇年、約四八〇億円）ではチッソの負担は六五％であった。神通川流域のイタイイタイ病原因物質カドミウムの除去・客土事業（一九七九年～二〇一一年、四〇七億円）では原因記余蘊負担は四割弱であり、加害企業の三井金属工業の負担は小さかった。しかも補助政策の方が企業負担の一・七倍にものぼり、企業経営の安定と成長が図られていた点も指摘されている。

本書の内容（後半）

第二部の第七章は、一九七〇年代以降の戦後経済体制の変容と環境政策に関する論述から始まっている。一九七一年のニクソン・ショックと七三年の石油ショックに始まる世界不況、さらには深刻なスタグフレーションによって、戦後資本主義の黄金時代は終焉を迎える。一九七四年度に初めてマイナス成長になり、高度成長から低成長、マイナス成長へと転換した。政治的には保守回帰となり、革新自治体は後退した。七〇年代に日本版マスキー法を世界で最も早く達成したが、二酸化窒素の環境基準を緩和させ、水俣病の患者切り捨てともいわれる事態を招くこととなる。大阪空港最高裁判決が差し止めを認めないなど、環境政策の後退が進んだ。

第八章では、一九八〇年代以降の経済のグローバリゼーションとともに環境問題が国際化していく過程が論じられている。日本の多国籍企業やODAの事業によって、公害輸出が批判されるようになる。また基地公害に苦しむ沖縄を取り上げ、米軍基地問題にも論究している。こうしたなか、国連は二〇年ぶりに環境開発会議をブラジルのリオデジャネイロで開催し、Sustainable Developmentを人類共通の目標とするリオ宣言を採択した。

第九章では、OECDのレビューによるアメニティ政策とリオ会議以降の国際環境問題を進めるために、政府が公害対策基本法をやめて、それを包摂する「環境基本法」を制定した。公害問題の終了を明確化するために、公健法の第一種（大気汚染）患者の新規認定を打ち切った。第二次の公害裁判が起こるが、産業公害と都市公害が複合した裁判であり被害の救済にとどまらず、環境再生をめざすものであったことから、公害を含む環境問題への展開が始まっていく過程が論じられている。
本論はここまでとされているが、補章としての第10章では、第一節水俣病問題の解決をもとめて、第二節終わりなきアスベスト災害、第三節福島第一原発事故—「歴史の教訓」がなぜ無視されたか、について論じられている。三節とも現代まで続く公害の現状について、鋭い視線が向けられており、読み応えがある。

研究の体系と本書

これまでにも宮本憲一氏のご著書や論文は数多くあるが、公害研究書として注目されたのが、半世紀前に庄司光先生とともに出版された『恐るべき公害』（岩波新書、一九六四年）である。それは学会関係者のみならず多くの読者に衝撃を与えたといっても過言ではない。一九八九年には『環境経済学』（岩波書店）を、二〇〇七年には同書の新版を出された。研究体系のなかでは、『社会資本論』（有斐閣、一九六七年）、『都市経済論』（筑摩書房、一九八〇年）、『現代資本主義と国家』（岩波書店、一九八一年）という三つの著作と連続している。いま読み返しても『社会資本論』はすばらしく、「社会資本論や社会的費用論は、現代の資本主義を解明する場合のコーナーストンである」（三八五頁）と述べられている。それ以降、数多くのご著書を出版されているが、『戦後日本公害史論』に続く研究書として、戦前日本公害史と財政史に関する著書の執筆にも取りかかっておられるとのことで、大著の完成を心待ちにしつつも、ご自愛くださることを切に思う次第である。是非、本書のご購読をお薦めしたい。

〈本書は、岩波書店、二〇一四年刊
定価（本体八八〇〇円＋税）〉

《書評》

土岐　寛著『日本人の景観認識と景観政策』

今里　佳奈子
（龍谷大学）

一

ヨーロッパの国々を訪れて帰国したときに、あまりにも雑然とした日本の都市の町並みにがっかりした経験を持つ人は少なくないだろう。猛スピードで走り抜ける自動車をよけ身体を斜めにしながら歩く狭い道。その道沿いに立ち並ぶ高さも形も大きさも不揃いなビルやマンション。上を見上げれば、蜘蛛の巣のように垂れ下がる電線にけばけばしく自己主張する看板。このような光景を前に、多くの人は、なぜ、日本の都市はこんなにも雑然とし醜いのかと不思議に思うのではないか。

二〇〇四年の景観法制定以来、我が国の景観政策は新たな局面に入ったが、依然として、都市景観の面では、欧米諸国に遅れをとっている。著者は、このような現象が、日本人の自然観や風景・景観認識、都市形成過程などと大きく関わっていると考えており、このようなことから、これだけ都市機能が高度化する一方で、依然として都市景観が貧弱な原因と背景を探り、それらがどのように景観政策の規定要因になってきたのかを分析する。そして、あるべき日本の景観政策について考察するのである。

二

本書は、終章も含め、八章から成る。本書の視点と視角を示す第一章（日本の都市景観の現況）、代表的な都市景観の研究者に着目し都市景観研究を概観する第二章（都市景観研究の軌跡）に続き、貧弱な都市景観の原因・背景を、第三章（「日本人の自然観・風景観と集落・都市形成」）では、日本人の自然観や都市形成のあり方から、そして第四章（「日本の近代化と都市景観」）では明治以降の近代化における都市景観整備のあり方から論じる。次いで、景観をめぐる現状について、景観政策（第五章）、市民意識（第六章）、裁判（第七章）に焦点を当て論じた上で、終章で、景観政策について述べている。

以下、本書の概要について述べる。

まず、第一章では、著者が繰り返し触れることになる、貧弱な都市景観に関する四つの視角～日本人の自然観と都市形成の観点、明治以降の近代化における都市景観整備の優先順位の低さ、都市景観への共同感情の形成の欠如、建築家の社会的役割～が示され、次いで、第二章「都市景観研究の軌跡」では、広範な視野と目配りから都市景観を論じた戦前戦後の代表的研究者・発言者として、橡内吉胤、黒田鵬心、石川栄耀、芦原義信、西山夘三、大谷幸夫、田村明、中村良夫、内田芳明、加藤周一の一〇人の思想と主張のエッセンスが紹介される。美しい建物はあっても美しい町はないという現状の一方で、江戸時代以前の歴史的景観の美しさ、周囲との調和の重要性や総合美などを強調したこれらの研究者達の主張をたどることで、著者は、「風景の共同感情」という重要な要素を抽出するのである。こうして、第三章以降のテーマとして、どのようにして「風景の共同感情を育成し、一定の社会的合意や規範を形成できるか」という課題が設定される。

まず、第三章と第四章では、貧弱な都市景観を生み出すこととなった原因・背景が論じられている。著者が、都市景観に大きな影響を与えていると考えるのが、日本人の自然観である。よく指摘されるように、日本人の自然観は、自然と融和的なものである。そのため都市と農村を隔てるべきという考えはなく、都市と農村は城壁では分かたれず、連担した。また、都市の中には、日本人が定住の場所として好んで選んできた「山の辺」や農村の景観が持ち込まれ、「都市農村混合型の都市景観」が生まれた。

ところでこのような都市景観を構成する建造物は、ヨーロッパの石造りの建物のように「永続的」なものではなく、木造建築であり、短命・有限である。こうして町並みは絶えず変わっていくことになる。欧米の小説等で町並みが詳細に描写されるのに対し、日本ではそのような描写が殆ど見られないのも、町並みが絶えず変化し、町を具体的に描写する意味がないからではないかという。とはいうものの、江戸時代以前の町並みは、ある程度安定が保たれていた。人々が「型」を継承しながら、地域のランドマーク（寺社や城）の修理や維持管理を行う中で、永遠と更新が調和的に存在し、その中で安定した景観が保たれてきたからである。また、このような景観は、「写し」や「見立て」といった日本独自の技巧によって、各戦国大名ら為政者の手で土地に根ざした独自の都市文化として主体的に摂取されていった面もあった。

一方で、そこには、「市民」は介在しない。ヨーロッパでは、城壁の内部に生活・防衛共同体としての都市が形成され、相互依存関係にある都市住民の間には強い連帯感と共同責任感、そして公共世界のモラルと協働の規範が生まれた。こうして、国民と個人の中間に位置づけられるべき公共性と責任を伴った「市民」が登場することになる。彼らは自分の都市に対する誇りと自信をもち、そして、そのシンボルともいえる市の中央広場や市庁舎などが風景の共同感情の具体像となっていった。これに対して、我が国においては、このような国民と個人の中間に位置づけられる人間像は構想、結実されなかったとされる。我が国においては、都市と農村の間に城壁が築かれない一方で、家屋を基準とした内と外の区別が行われ、美的に洗練された家屋の内部空間と外への無関心、町並みや景観への無関心を生むこととなった。

このような自然観や都市形成の歴史が明治以後の近代化と相まって、日本の都市景観は、とりわけ貧弱なものとなった。第四章「日本の近代化と都市景観」では、近代化の中で江戸時代以前の町並みが失われ、無秩序な都市景観が広がり、これが現代に至るまで続いていることが明らかにされている。すなわち、ヨーロッパでは、歴史的市街への愛着と尊重があり都心部＝旧市街が保全され、近代化と過去の間に連続性があったが、日本では、都心部は保全されなかった。近代化とは、西欧化であり、過去との決別であり、伝統や従来の価値観は否定された。一方で、「西欧化」も、西欧の歴史や伝統を重んずる精神的側面や、市民の創出を伴わない表層的なものにとどまった。また、都市のグランドデザインがなかったため、統一や調和がなかった。

その要因の一つとして、政治権力者のリーダーシップも指摘されていることから、第四章では、ナポレオン三世のパリ大改造、フランツ・ヨーゼフ一世のウィーン大改造等について詳述した後、近代の後藤新平の東京改造構想を取り上げている。周知のように後藤新平は、東京市長として東京改造計画を、そして内相として関東大震災からの東京の復興計画の指揮に当たった。すでに台湾と満州でヨーロッパ都市型の都市計画を実現してきた後藤は帝都復興にあたってはそれら以上の都市改造を考えていたが、周囲の政治家はそうではなかった。都市計画の重要性や緊急性は共通認識になってはいなく、政治的意図に発した反対や攻撃を前に、帝都復興計画（政府原案）は大幅な縮小を余儀なくされる。後藤新平は稀有な人材ではあったが、専制君主の時代は過ぎていて、都市計画は合法的な手続きに則って行われなければならず、法制度は国民意識や文化を反映することからすると、そのような都市計画を実現するための共通認識がいまだなかったということである。

さらに時代をくだっても都市景観に対する認識は高まらない。建築家は、「建築自由の天国」日本で、町並みの連続性に配慮することもなく、周辺の建物や環境と関係なく、自らの自己実現を個別建築の完成で目指す。さらに、歴史的建造物の周辺を超高層ビルで埋め尽くす特例容積率適用区域制度のもとで、超高層ビルの建設ラッシュが続いており、これらが周辺環境との整合性もない都市景観を生み出している。

一方、一九七〇年代後半からは、景観行政が本格的になり始め、次第に生活空間を含めた総合的な景観整備が展開していくことになる。そして、二〇〇四年には景観法が制定される。第五章では、景観法の意義と課題に加え、具体的に九つの地域～京都市、広島県竹原市、愛媛県内子町、長野県南木曽町妻籠宿、福島県下郷町大内宿、長野県東御市（旧東部町）海野宿、長崎市、長野県小布施町と神奈川県真鶴市～における景観行政がとりあげられている。大都市でありながら最も厳しい景観政策を行っている京都市に、多面的な政策を展開している長崎市、宿場町としての歴史的景観を守る妻籠宿、大内宿、海野宿に、商家として栄えた竹原市や内子町の景観行政、そして、独自の景観政策で全国の注目を集めた小布施に真鶴と、とりあげた地域は様々であるが、いずれも過去からの経緯の中で、住民と行政が関わりながら、保存運動と意識の醸成をはかっている。

ヨーロッパの事例からもわかるように、景観は、そこに住む人々の意識と強力な支持があってはじめて守ることができるものである。このようなことから、第六章では、都市景観に関する市民意識調査を分析している。著者は、「景観に関する意識調査」（国土交通省、二〇一一年）と「景観に関するアンケート調査結果」（中部開発センター、二〇〇五年）の結果を概観し、歴史的な町並みが高く評価されており、景観規制の導入については多くが前向きであることなどを読み取っている。

それを一歩進めた景観権についてはどうなのだろうか。第七章では景観訴訟を取り上げ、長い間消極的だった裁判所の態度が二〇〇〇年前後から少しずつ変わりはじめていると評価し、特に、国立景観訴訟の東京地裁判決や、鞆の浦景観訴訟の広島地裁判決について論じる。

このように景観に関する考察を進めてきた著者は、ふたたび、終章「都市生活と都市景観」で、日本人の景観認識に立ち戻る。日本人の、近景よりも遠景、生活景を飛ばした遠大な眺望志向に対して、著者は、近景と生活景から都市空間を再構成してはどうかと提案する。

著者がはじめに述べたように、ヨーロッパでは、市民が都市空間に誇りを持ち、それが市民の精神的基盤となっている。また、景観認識が共有され、蓄積されて、文化そのものになっている。このように強い支持があってはじめて「わがまち」の景観は守ることができる。

日本では、明治以降、商業主義が支配する不統一で乱雑な都市景観が蓄積されていくことになったが、江戸時代以前には、京都の町や、日本各地の宿場町、城下町、武家町、商家町、門前町、茶屋町など、美的に調和した都市景観が存在し、その一部が伝統的建築物保存地区などの形で修復・保存されている。著者は、後世まで記憶を持続し、保全する価値がある美的で落ち着いた景観を残すべきだと考えており、日本独自の景観として、このような景観を念頭に置いている。確かに、物理的に現存するこのような景観は、多くの人々にとって美しく心地よいものとして目に映るだろう。

一方、これらの景観が、市民の精神的基盤であり、文化そのものとなっていたかというと、そうは捉えられていない。著者は、江戸時代のまちを、管理と支配の対象として位置づけており、市民意識に支えられ発展したものとは考えていない。一方、景観法制定後の今日、市民と行政の協働をキーワードに、景観計画の策定や景観政策への市民参加拡大の道は開かれており、そのような中での合意形成が期待されている。

三

本書は、著者によるまちづくり（景観）に関する著書としては①『地方自治とまちづくり』（二〇〇二年）、②『景観行政とまちづくり』（二〇〇五年）、③『世界の街角まちづくり』（二〇一四）に続く、四冊目の単著となる。地方自治に焦点を当てながら、まちづくり（景観）に触れた①、景観法と国内の景観行政を中心に論じた②、世界の街角を巡る紀行記的な③につづく本書は、上述したように、日本の貧弱な景観を生んだ背景や原因を、先行研究を渉猟しつつ、日本の風土や日本人の自然観、風景・景観認識、都市形成過程に踏み込み論じ、詳細に考察を加えており、ここに本書の大きな特徴と価値があるといえる。このような分析を前に、我々は、現在に至った経緯をよく理解することができるのである。また、各地の詳細な景観政策や景観訴訟などの事例を読むことで、景観をめぐる現状を概観することができる。

一方で、どのようにして「風景の共同感情を育成し、一定の社会的合意や規範を形成できるか」という著者が提示した課題については未だ十分に論じられていないように思われる。もちろん、九つの地域に関する詳細な景観行政・政策、景観訴訟、そして市民意識に関する著述からそのヒントを読み取ることはできよう。しかし、住民参加や住民と行政の協働のあり方、その中で、どのように市民意識が醸成されていくのかといったことに関する明確な論理は展開されていない。著者が、景観問題に関心を持つようになったのは、二〇年ほど前からであり、その出発点は、まちづくりと地方自治は一体だという意識にあったという（『地方自治とまちづくり』）。五冊目の著書で、自治のあり方と景観政策の関係をより深く、さらに論じてほしいと願うのは欲張り過ぎるだろうか。

最後に、本書を初めとする著者による本は、大学でのゼミをベースに執筆されているという。毎年夏休みの合宿を景観行政調査にあて、また、ゼミ生達との議論に刺激を受けることで研究を深化させてきた。このような教育と研究の理想的な好循環もまた、著者から学ばなければならない点であろう。

〔本書は、日本評論社、二〇一五年刊
定価（本体三八〇〇円＋税）〕

《書評》

紙野健二・本多滝夫編『辺野古訴訟と法治主義――行政法学からの検証』

村上　博
（広島修道大学）

はじめに

現在（二〇一七年八月）、二〇一六年一二月二〇日の辺野古最高裁判決を錦の御旗に、国が強権的に辺野古埋立てによる米軍基地建設に邁進する辺野古訴訟の第三ステージ（同年一二月二六日～）が進行する中、県が国を相手とする国の岩礁破砕等行為の差止訴訟が那覇地裁で争われている（時期区分は、「［座談会］辺野古訴訟と行政法上の論点」法学セミナー七五一号［二〇一七年］一八頁以下参照）。本書は、二〇一六年七月二二日に沖縄県知事（被告）が国交大臣の指示に応じないのは違法な不作為であるとして、地方自治法二五一条の七第一項に基づく不作為の違法確認訴訟を国交大臣（原告）が提訴る（第二次辺野古訴訟）する前まで（第二ステージ）の問題を扱っている。

書名の「辺野古訴訟」とは、「新基地建設に必要な辺野古沖の埋立てに関する複数の、県と国との間で争われている争訟で」、法治主義と地方自治を正面から問うものである。本書の大きな特徴は、「実践の中にこそ理論的な発展があるという確信に基づ」いて結成された辺野古訴訟支援研究会のメンバーが、訴訟係属中に「より望ましいあり方を目指した理論を提供する」という意図の下に、沖縄県側の意見書として裁判所に提出されたもの等に基づき執筆されていることである。本書は、総論的に辺野古訴訟全体の経過と意義を述べる「第Ⅰ部　総論」、「第Ⅱ部　法的論点の検証」及び「第Ⅲ部　資料」の三部によって構成されている。第Ⅲ部は、「県と国双方のやり取りが続き次々と状況が展開する過程において、適宜問題の所在を可能な限り的確に把握する」ための資料である。

第Ⅰ部は「第1章　『総論』辺野古訴訟の経緯と意義（紙野健二執筆）」、「第2章　和解と国地方係争処理委員会決定の意義（本多滝夫執筆）」によって、第Ⅱ部は、「第3章　『固有の資格』と不服中立て」（徳田博人執筆）、「第4章　自治体の争訟権について」（人見剛執筆）、「第5章　辺野古訴訟における代執行等関与の意義と限界」（白藤博行執筆）、「第6章　辺野古新基地建設と国地方係争処理委員会の役割」（武田真一郎執筆）、「第7章　埋立免許・承認における裁量権行使の方向性」（亘理格執筆）、「第8章　埋立承認の職権取消処分と裁量審査」（榊原秀訓執筆）および「第9章　埋立承認の職権取消処分と取消権制限の法理」（岡田正則執筆）」によって構成されている。この構成は、「辺野古訴訟は公法学とりわけ行政法学にとって重要な素材を提供しており、それらの法的意味を確定するとともに、将来に向けて解釈論を組み立てなおす作業」であることを明確に示している（本書はしがき）。ここでは、本学会との関係で地方自治の問題を中心に、各章ごとに本書の内容を紹介することにする。

第一章〔総論〕辺野古訴訟の経過と意義

第一章は、「辺野古訴訟の枠組み」及び「辺野古訴訟の経緯」の検討を通じて、「辺野古訴訟の全体を貫く論点」は「何よりも法治主義といわなければならない」とし、今日まで続いている法治主義に反する国のあり方を、「法治国家の行政権としてあるまじきもの」と批判する。具体的には、岩礁破砕から国交大臣による埋立承認取消の効力を停止する執行停止決定が問題となる過程において、「県知事のした承認取消しの効力を否定するための法的手段は、さしあたり防衛局長が承認取消しの取消訴訟を提起することである。……これが通常考えられる手段である。しかし、それよりも国にとって確実で便利な奇策があった。それは、行政事件訴訟法ではなく行審法上の執行停止を用いることである。」「この当時の国の動きは、政府あげての基地建設の推進であり、およそ行審法の趣旨も手続的公正さも一顧だにされていなかったのであろう。審査請求そのものは本筋ではなく、とにかく工事の続行が目的であった」と（一三頁）。

そこで、二〇一六年三月四日、翁長知事と国交大臣が、福岡高裁那覇支部に係属していた二つの訴訟（代執行訴訟と県知事が国交大臣による埋立承認取消処分の執行停止決定の取消しを求める関与取消訴訟）に関する和解に応じたが、「この和解勧告文は、基本的にはそれまでの国の対応を厳しく指摘し、実質的には県の主張の正当性を認めるものであ」り（一四頁）、「国自身が法治主義からみて疑義のある自身の行為の撤回を余儀なくされた」（一七頁）。

最後に、「日本国憲法の下で形成されてきた行政法の法理と地方分権改革の成果を歪めるような法解釈が、『粛々と法律に従う』ことになるはずがない。法は行政の便宜的な道具ではなく、その適用を通して行政を枠づけ拘束するものであるという公理を、政権担当者と争訟の実務に携わる者に繰り返しておかなければならない」（一八頁）、と国を厳しく批判している。

第二章　和解と国地方係争処理委員会決定の意義

第二章は、前述の和解条項の効力とその射程を検討し、和解後において沖縄県と国がとるべき措置の内容を明らかにすることを目的とするものである。

沖縄県知事は、国と沖縄県に真摯な協議を求める、国地方係争処理委員会の二〇一六年六月一七日の決定に不服がない以上、地方自治法二五一条の五第一項第一号の要件を満たさないので、知事は是正の指示の取消訴訟を提起できない。それ故この状況は、地方自治法二五一条の七第一項二号イの「訴えを提起せず」を充たすとはいえないので、国交大臣が違法確認訴訟を提起することは、訴権の濫用ともいえよう、と解釈する（四〇頁）。決定は「辺野古移設が唯一の解決策だ」とする考えを政府が放棄することを求めている。政府が、地方自治を尊重する、民主的な政府であろうとするならば、「辺野古移設が唯一の解決策だ」との固定観念からの脱却が必要である、と結論付けている（四二頁）。

第三章　「固有の資格」と不服申立て

第三章は、国が、沖縄防衛局という国の一行政機関に、あえて「私人」という立場で国交大臣に対して、県知事の埋立承認取消の取消裁決を求める審査請求および執行停止の申立を行わせたこととの問題点を明らかにする。

徳田氏は、①「アメリカ合衆国（米軍）への提供水域」である埋立対象水域での埋立承認申請の内容・性質および②公有水面埋立法上の埋立承認と埋立免許との規制の態様の比較検討という二つの観点からの検討の結果、「沖縄防衛局は、固有の資格に基づいて、埋立承認申請を行い、また、その承認を受けた」（五七頁）と結論付け、国には不服申立資格がないことを明らかにする。

なお、これに関連して白藤氏は、第五章において、「地方自治法の関与の仕組みからすれば、県知事の埋立承認取消処分の法的効果を国が一時的に停止したり取消したりしたい場合には、本来的には代執行等の関与を行うことができたにもかかわらず、これに先立ち、なぜか沖縄防衛局を審査請求人として、地方自治法二五五条の二の法定受託事務に係る審査請求・執行停止申立を行ったという構図が浮かび上がる」（九七頁）と、国の問題点を指摘している。また「少なくとも本件代執行等関与においては、閣議口頭了解の下で国交大臣が代執行等関与の手続を開始した時点からは、地方自治法二五五条の二が保護対象とする『私人の権利利益の保護』における『私人』とは無縁の存在である」（九九頁）、と国の解釈の間違いを指摘する。

第四章　自治体の争訟権について

第四章は、沖縄県知事の埋立承認処分の職権取消に対してなされた審査請求に係る国交大臣の執行停止決定に対し、二〇一五年一二月二五日に沖縄県が提起した取消訴訟を、行政法学の見地から検討するものである。検討の結果、①宝塚パチンコ店等規制条例事件・最判二〇〇二（平成一四）年七月九日の射程範囲を厳格に解釈すること、及びその「法律上の争訟」概念の問題点を踏まえ、「法律上の争訟」に当たること、②国地方間の関与について一般の抗告訴訟を提起することができる、とする肯定説が通説であることから、国地方間関係の紛争について特に定められた機関訴訟の排他性に反しないこと、③国民の簡易迅速な権利救済を目的とする行政不服審査法の制度趣旨に反しないこと、並びに④取消訴訟の訴訟要件なかんずく原告適格の要件を充足することを肯定している（六〇頁）。

沖縄県の原告適格・訴えの利益につき、公有水面埋立法に基づく埋立承認処分が適正に行われることによって保護される公益に、地方自治体レベルの地域的公益も含まれる可能性があり、地域的公益が国家レベルの国家的公益に吸収解消されない地域固有の法益として保護されていると解される場合には、地域的公益も行政事件訴訟法九条一項の「法律上の利益」と解されるべきである、と結論づける。

第五章　辺野古訴訟における代執行等関与の意義と限界

第五章は、県知事を被告とする、地方自治法二四五条の八第三項に基づいて国によって提起された代執行訴訟につき、代執行等関与の要件充足問題をとくに地方自治法の観点から論じる。

「本件においては、国（沖縄防衛局）は行政不服審査を選択し、国（国交大臣）は審査庁として執行停止決定を行い、審査請求についてはなおも審査中であるとするところ、他方で、国（公有水面埋立法の所管大臣）は代執行等関与手続を開始したのである。審査庁としての国交大臣としては、いまだ審査請求に関する適法性・正当性の審査の結論（裁決）を出せない難しい案件であるにもかかわらず、公有水面埋立法の所管大臣としては、知事の埋立承認取消処分を早々に違法と断じて、代執行等関与手続を開始したのである。……二重の並行権限を同時的に国のために行使することは、明らかに改正地方自治法上の理念に反するし、もっといえば、憲法の『地方自治の本旨』の理念に悖る行為であ」り（一〇三頁）、行政不服審査と代執行等関与は選択的にのみ行使が許される、と国の代執行等関与を批判する。

代執行等関与の要件については、「より緩やかな代替的関与が一切行われていないため、代替的関与の不尽が際立ち、代執行等関与の要件を充たさない違法な関与」（一一二頁）である、と断定している。なお、代執行訴訟における裁判所の審査範囲につき、「裁判所とて国家機関のひとつであることを考えると、裁判判決もれっきとした『司法的関与』であり、その肥大化それ自体問題となりうる」（一一〇頁）との立場から、「憲法の地方自治保障を根拠とする知事の自治裁量権の行使についての特段の配慮を必要とする」（一一一頁）、と司法的関与の限界という注目すべき論点が提示されている。

第六章　辺野古新基地建設と国地方係争処理委員会の役割

第六章では、①沖縄防衛局長による承認取消しの執行停止申立てに対する国交大臣の二〇一五年一〇月二七日の執行停止決定、および②二〇一六年三月四日の国交大臣の是正の指示に対する国地方係争処理委員会への沖縄県知事の二件の審査の申出が、検討されている。前者に関する二〇一五年一二月二八日の委員会決定は、審査の申出が不適法であり、審査の対象にならないとした。これにつき、国が不服申立てをできない理由の一つとして、「本件は行審法ではなく、自治法の手続によって解決できるから、行審法による不服申立てを認める必要はな」いことを挙げ（一二四頁）、「国による不適法な不服申立てが行われ、国が違法な裁決や執行停止決定をした場合には、裁決や執行停止決定を違法な国の関与と認めて審査の申出の対象とする必要がある」とする（一二二頁）。

後者に関する二〇一六年六月二〇日の委員会決定は、本件是正の指示が、地方自治法二四五条の七に適合するかどうかについて判断しない、という「自治法が規定している措置をとらず、同法が直接には想定していない異例の判断を行ったが、それは委員会の政治的、時間的限界によるものであろう」とする（一三四頁）。そこで「委員会は是正の指示の理由不備ないし判断過程の過誤を理由として違法性を認め、是正の指示が違法である以上は指示の対象となった埋立承認取消しが違法であるということはできないから、国はいったん埋立承認の申請を取り下げ、申請をやり直すことを勧告することが適当だったのではないだろうか。自治法二五〇条の一九第一項の調停案を作成すれば、是正の指示の違法性について判断せずに申請のやり直しを勧告することも可能である。」「委員会が求める真摯な話し合いの継続を実現するためのもっとも効果的な（あるいは唯一の）措置である」（一三六頁）と主張する。この調停案の作成という解決は、大変興味深い提案である。

第七章　埋立免許・承認における裁量権行使の方向性

第七章は、埋立計画が公有水面埋立法四条一項所定の基準を満たすか否かが争われていることから、公有水面埋立免許に関する行政裁量権行使の方向性を検討する。その検討の結果、同法「四条一項は、都道府県知事による埋立免許権限の行使に対して、一号以下の免許基準をすべて満たさなければ免許を与えてはならないという拘束を課す一方、一号以下の基準をすべて満たした場合でも、他の必要かつ適切な条件を考慮することにより免許を拒否する可能性を認める趣旨の規定であると解される。つまり、当該免許権限は、免許拒否の方向への裁量的判断の可能性が広く認められるという意味で、片面的裁量権が法律で認められた権限というべき」とする（一三七頁）。

また、公有水面埋立免許および承認の権限を都道府県知事に与えていることにつき、「公有水面の自然その他の条件は地域的特性に深く関連付けられたものであり、各地域を熟知した都道府県知事こそ、免許権限を付与するに相応しいと考えられたからにほかならら」ず、この制度設計は、「国の法令の規定内容およびその解釈運用の両面にわたって、自治事務と法定受託事務との区別に関わりなく地方公共団体の自立性を尊重すべきことが明確化されている」一九九九年の地方自治法改正の趣旨目的に照らしても、きわめて妥当である」と結論づける（一六三頁）。

第八章　埋立承認の職権取消処分と裁量審査

第八章は、仲井真知事による承認の審査が不十分な場合の翁長知事による承認取消について、裁判所による行政裁量の審査密度の状況も意識しつつ検討する。

まず、承認の適法性を論じることから承認取消しの違法性を導くことはできない、と結論付ける。なぜなら「承認取消しは、承認に実体的瑕疵または『判断過程審査』類似の審査による瑕疵があるとしてなされたものである。原処分である承認が不十分な審査に基づくものとして、審査の厳格度を高めて十分な審査に基づき判断を行うことは、県知事に認められた裁量権の範囲内での判断の変更であり、瑕疵があると判断した承認を取り消すことを、違法等と判断することは難しいと思われる」からである（一八二頁）。

つぎに、大臣が是正の指示において、承認取消しの違法等を判断する際の「審査密度」につき、「仮に、大臣が裁判所の『判断代置審査』のような関与を行うことができるとすると、個別の法律によって裁量権を知事に与えたにもかかわらず、地方自治法の関与法制を通して、大臣が県知事の裁量権を簒奪することになってしまう」ことになり、大臣の是正の指示が「関与の限界」を超える、と批判する（一八三頁）。

また、裁判所による審査につき、つぎのように判断する。「承認取消しは、県知事の裁量権の範囲内において行われていると考えられ、それが違法とはいい難い。（改行）そして、大臣による是正の指示は、自治権の保護のために、県知事の裁量権の行使を尊重することが必要であり、大臣が県知事の裁量的判断に自らの判断を代置させ、県知事の裁量権を無視したような是正の指示は、過度に厳しい関与として違法である。国地方係争処理委員会や裁判所は、大臣の是正の指示が自治権の保護のために、県知事の裁量権の行使である承認取消しを尊重した限定されたものになっているかについて、つまり、『関与の限界』について厳格に審査することが求められている」と（一八五頁）。

第九章　埋立承認の職権取消処分と取消権制限の法理

第九章は、「国（国交大臣）が農地所有権確認等請求事件・最判昭和四三・一一・七民集二二巻一二号二四二一頁を援用し、違法な行政処分を取り消すことができるのは『当該行政処分を放置することが公共の福祉の要請に照らし著しく不当であると認められるときというきわめて例外的な場合』に限定されるので、『この高いハードルを超えない限りは、授益的処分である行政処分は、法的瑕疵があったとしても取り消すことができない』と主張していることに鑑みて、取消権制限の法理を考察の対象とする」ものである。

国が主張する職権取消制限の法理は、国側の主張の背理を生じさせることから、代執行訴訟や是正の指示の事案で用いられるべき法理ではないことを明らかにする。すなわち「本件においては、法令遵守を図るための制度である地方自治法の代執行訴訟や大臣の是正の指示が、法令遵守を例外的に制約する法理である職権取消制限の法理に基づいて行われた」（二一二頁）と。

結論として、「本件取消処分が違法だとする国の主張、すなわち、⑴行政処分には公定力等の効力があるので違法な処分であっても担当行政庁は原則としてこれを取り消すことはできない、⑵授益的処分の取消しは侵害処分となるので担当行政庁は裁量処分としてこれを取り消すことができない、⑶昭和四三年最判という判例に基づけば違法な処分であっても担当行政庁は原則としてこれを取り消すことはできない、⑷『米国との信頼関係、国際社会からの我が国に対する信頼など』の保護利益が大きいので違法な処分であっても担当行政庁は原則としてこれを取り消すことはできない、といった国の主張は、いずれも成り立たない」とする（二一一頁）。

おわりに

前述のように、国の地方自治体に対する関与とそれを巡る係争処理は、地方自治体に対する国の関与が過度にあるいは恣意的に行われることのないように、一定の法的枠付けを与える、という法治主義の強化を目指したものであることを踏まえ（小早川光郎「国地方関係の新たなルール」西尾勝編『地方分権と地方自治』ぎょうせい、一九九八年、一〇五頁）、本書は、国の主張が間違っていることを様々な論点において説得的に論証している。しかし二〇一六年九月一六日福岡高裁那覇支部判決および同年一二月二〇日の最高裁判決は、この論証をまったく無視して国側勝訴の判決を下した。これは、翁長知事が「裁判所には、法の番人としての役割を期待していましたが、政府の追認機関であることが明らかになり、大変失望しております」と高裁判決についてコメントしているように、行政権と司法権の合作による「政治的目的のための司法手続の利用」という意味での政治的司法である（村上　博「辺野古訴訟最高裁判決の問題点と今後の課題」季刊自治と分権六七号［二〇一七年］七二頁以下、同「沖縄辺野古訴訟高裁判決と地方自治」自治労連・地方自治問題「研究機構・研究と報告」一一四号［二〇一六年］参照）。今後、埋立承認処分の撤回を巡る裁判も予想されるが、国が埋立工事を即時中止し、「国と沖縄県は、普天間飛行場の返還という共通の目標の実現に向けて真摯に協議し、双方がそれぞれ納得できる結果を導き出す努力をすることが、問題の解決に向けての最善の道である」（二〇一六年六月一七日国地方係争処理委員会決定)。なお、本書のテーマに関するその後の研究成果は、法学セミナー七五一号『[特集]沖縄・辺野古と法』(二〇一七年)として公表されている。

本稿脱稿後、辺野古訴訟を巡って新たな展開があったので、以下追記する。

「はじめに」で触れた、国が無許可で岩礁破砕等を進めることに関し、二〇一七年七月二四日、沖縄県が国を相手取った、主位的請求としての岩礁破砕等行為の差止請求、および予備的請求としての岩礁破砕等行為の不作為義務の確認の訴えそれぞれに関する却下判決ならびに仮処分命令申立てに関する却下決定が、那覇地裁(森鍵一裁判長)で二〇一八年三月一三日にあった。地裁は、最高裁二〇〇二(平成一四)年七月九日判決に過剰に追随し、「本件差止請求に係る訴えは、原告が財産権の主体として自己の財産上の権利利益の保護救済を求める場合に当たらず、原告が専ら行政権の主体として被告に対して行政上の義務の履行を求める、本件規則三九条一項の適用の適正ないし一般公益の保護を目的とした訴訟であるから、法律上の争訟に当たらない」(判決要旨、沖縄県HP参照)と判示した。最判の「司法権=法律上の争訟=主観訴訟のトリアーデ」論に賛成する学説はほとんどなく、かりに最判を前提としても、本件事案は最判の射程外であることから、沖縄県は、三月二三日、那覇地裁の却下判決を不服とし、福岡高裁那覇支部に控訴し、現在(二〇一八年七月)審理中である。あらためて最判の新「法律上の争訟」論の検討が求められている(村上「辺野古新基地差止訴訟と『法律上の争訟』」法律時報九〇巻五号〔二〇一八年〕一三四頁以下参照)。

〈本書は、日本評論社、二〇一六年刊
定価(本体四〇〇〇円+税)〉

《書評》

桒田但馬著『地域・自治体の復興行財政・経済社会の課題
東日本大震災・岩手の軌跡から』

平岡和久
（立命館大学）

一　本書の構成と特徴

本書は、東日本大震災の被災地である岩手県を主な対象とした、震災復興に関する現地報告および総合政策的分析の書である。東日本大震災の被害や復興をめぐる実態には、被災の地理的広さや被害の甚大さだけでなく、最も被害の大きい東北三県の沿岸部における人口減少・少子高齢化の進行や市町村合併・行政改革等を経た自治体行政の余裕度の喪失など、様々な要因が複合的に作用している。著者は岩手県を中心に被災地域・自治体を精力的に調査し、被災地の実態や課題について丹念な把握と分析を行っている。また、本書は震災復興研究の先行研究への批判を随所で行うとともに、重要な論点提起を行っている。その意味で本書は問題提起の書でもある。

本書は中間報告であるとも著者が述べられているように、さらなる研究の継続と発展を目指すものである。東日本大震災からの復興のプロセスは今後も長期にわたって続くとともに、時間の経過のなかで国や自治体の震災対応への評価が行われていくことから、中間報告とする位置づけは妥当であろう。中間報告として世に出す意義は、研究内容を課題継続中の現場にフィードバックすることで復興政策のあり方に何らかの貢献を行うことにあろう。そのことは、本書の各章において元論文を発表した当時の臨場感のまま収録していることにもうかがえる。

本書は序章、終章の他、大きく二部構成になっている。序章「東日本大震災復興研究の視点」では、本書の研究対象と研究方法における特色や独創的な点を述べている。研究対象としては、岩手沿岸部に焦点を当てるが、その構造的特徴は「地方都市・農漁村型災害」であり、さらに「地方都市・農漁村」といっても「農漁村」の性格が強いことから、地域医療・県立病院や漁業・漁業協同組合といった特色あるテーマを取り上げ、個別性と総合性を融合させた研究であるとしている。研究方法としては、岩手沿岸のすべての市町村等における膨大な現地調査にもとづき実態を詳細に描き出すことが重視されており、特に多様な主体間の関係を踏まえながら、地域・自治体マネジメントの側面を重視することで、地方行財政に関する先行研究が十分に捉えきれない問題や課題を指摘したことが本書の特色とされている。

第一部は「東日本大震災からの復興における暮らしと仕事」というタイトルであり、以下の章からなる。

第一章「復旧・復興の概況とコミュニティ・自治体」
第二章「震災復興コミュニティビジネスの現状とその持続可能性」
第三章「岩手県立病院の再建―二〇一二・一三年度を中心に」
第四章「岩手における漁業協同組合の先進事例」

第五章「岩手漁業の再建と漁業協同組合」

第一部では、コミュニティ、コミュニティビジネス、県立病院および漁業・漁業協同組合という幅広い対象を扱い、被災地域の実態と復興の課題に対する多角的・総合的把握に資する貴重な現地報告・分析・課題整理を提供している。

第二部は、「東日本大震災からの復興における岩手の自治体行財政」というタイトルであり、以下の章からなる。

第六章「市町村の震災対応財政─二〇一一・二〇一二年度を中心に」

第七章「市町村の行政運営と職員不足問題」

第八章「県の震災対応行財政─二〇一一〜一三年度を中心に」

第二部では、著者の専門である財政学、地方財政論のアプローチと被災自治体現場の総合的な復興課題の把握をもとに、詳細な分析を行っている。特に市町村の職員不足問題と被災県の震災対応行財政を対象とした分析が注目される。

最後に、終章『「人間・地域本位の復興」の再考』では、各章のまとめを行うとともに、岩手における「人間（住民）・地域本位の復興」の側面が、国民健康保険等の一部負担金免除や漁業・漁協の再建支援に顕著にみられると整理するとともに、国の責務や県の復興方針のあり方を含む問題提起を行っている。

本書の特徴は、第一に、著者は東日本大震災以前には震災問題を専門的に研究してきたわけではないが、それにも関わらず、著者のこれまでの研究蓄積が本書に随所で活かされており、そのことが本書の震災研究への優れた貢献につながっていることである。著者は全国の数多くの農山漁村地域の自治体行財政分析を旺盛に進めてきており、その成果の一部は二〇〇七年に出版された『過疎自治体財政の研究』（自治体研究社）に活かされている。その後も過疎自治体の地域づくり、地域医療・自治体病院、市町村合併などに関する研究を進めており、その知見が本書においていかんなく発揮されている。第二に、著者の所属する大学が岩手県立大学であることから、主に岩手県における被災地と自治体の震災対応のプロセスを身近に把握することが可能であったことである。そのため膨大な現地調査にもとづく詳細な現地の実態把握が可能となった。また、特に岩手県の行財政に関しては、岩手県職員の佐藤博氏との共同研究が行財政現場に即した詳細な分析につながっているとみられる。第三に、震災財政研究のパイオニアとも言うべき宮入興一や「人間の復興」の視点から震災研究を進めてきた岡田知弘などの研究視角を取り入れ、狭い行財政研究にとどまらず、「人間（住民）・地域本位の復興」を基本的立ち位置としながら、地域の総合性の視点に立って、複眼的視座から多様なテーマを取り扱うともに、多様なアクター間の関係性を重視したことである。

二　東日本大震災からの復興における暮らしと仕事

第一部の内容を簡潔に紹介する。

第一章「復旧・復興の概況とコミュニティ・自治体」では、まず震災に伴うコミュニティにおける避難生活事例を観察したうえで、集落（コミュニティ）の多様性を重視した復興政策の必要性を主張するとともに、震災直後の市町村合併推進論への疑問を提起している。また、復興二年目から五年目まで、一年ごとの課題整理を行っている。そのなかで、被災地域の状況や被害の実態などから復興の課題が超長期にわたる複雑なものであることを浮き彫りにするとともに、自治体間連携や農商工連携など「連携・協力」の意義が強調されている。

第二章「震災復興コミュニティビジネスの現状とその持続可能性」では、ソーシャルビジネスやコミュニティビジネスの概念整理を行ったうえで、震災復興コミュニティビジネスのいくつもの事例を紹介している。また、それらの事例を類型化し、それぞれの特徴と類型に即した課題整理を行っている。類型としては、産業系、生活（暮らし）系、総合系（多分野）の三つがあげられている。著者は震災復興コミュニティビジネスが果たす役割を高く評価し、多様な参加・参画によって、被災地・被災者と向き合いながら、様々な課題解決に取組み、地域への「誇り」、自らの「生き甲斐」、地域全体の「希望」を獲得するという点に明るい展望を見出している。また、震災復興コミュニティビジネスおよびコミュニティビジネス・ソーシャルビジネスの推進は公的、非営利・協同、私的の各セクターの役割分担や国・地方の行財政のあり方を見直すことであると指摘している。

第三章「岩手県立病院の再建―二〇一二・一三年度を中心に」では、岩手沿岸の地域医療の被災状況および県立病院の再建状況を描写している。なかでも陸前高田市にある県立高田病院においては、震災後の早い段階で訪問医療を再開し、地域包括ケアシステムを担うとともに、地域保健活動を進めるなど、震災前からの地域医療のモデルとなるような取り組みを再開・継続していることが評価されている。一方、県立大槌病院と県立山田病院は訪問診療などが評価されるが、病床数ゼロとなったことから機能が低下しており、困難を抱えているとする。また、県立病院の再建方針や再建状況を踏まえて、再建プロセスにおける問題を明らかにしている。再建プロセスにおける政策的問題は、病院再建、とくに病床数について住民と県との協議や懇談の場がなかったことが問題であるとするとともに、病床数の削減方針の最大の理由が医師不足とされたことが住民の不安を広げることになったと指摘する。また、地域（住民）の病院再建に関わる取り組みが低調、あるいは基本的に反対運動にとどまっているとし、病院と住民が「協調」した取り組みの重要性を指摘する。そのうえで、地域医療・県立病院の政策課題として、住民ニーズを広く反映するための意思決定システムの抜本的な見直し、医師不足問題や勤務環境に対する県の対策の充実・強化、地域医療・公立病院に対する住民参加・ボランティアの推進、などをあげている。

第四章「岩手における漁業協同組合の先進事例」では、重茂漁協と田老町漁協の先進的な事例が紹介されている。いずれの漁協も震災による壊滅的な破壊のなかで、協同組合精神に立ち戻り、組合員が一丸となって早期に再建に動き出したとし、震災前からの民主的で優れた組織が非常時に発揮されたと評価している。また、重茂漁協は経営面でも優れており、田老町漁協は地域の経済活性化に大きなインパクトを与えたと評価している。

第五章「岩手漁業の再建と漁業協同組合」では、「水産業復興特区」構想と漁港再編を打ち出した宮城県と、漁協を核として被災前に戻すことを基本とした岩手県の方針の違いを検討するとともに、宮城県の「水産業復興特区」構想は重要な示唆を与えるものであり、岩手県においてその教訓を生かすことが重要であると指摘する。すなわち、宮城県の特区構想は少なくない点で重大な問題を抱えるが、漁業の主体に焦点を当て、そのあり方を根本的に問い直そうとした点に重要なメッセージを見出すことができるとする。著者は、岩手県が漁協を核として復興を進めるのであれば、漁協の基本から地域ぐるみ、県全体で議論する必要があると主張する。漁協あっての漁業（漁場）、漁村ではなく、漁業、漁村あっての漁協であり、総合的にとらえる必要があるからである。特に漁協の閉鎖的体質や経営についての議論も必要であるとする。

以上、第一部の各章を紹介したが、特にコミュニティの再建を重視するとともに、コミュニティビジネスをとりあげた点は著者の研究の幅広さを示すものであり、公共部門の震災対応における限界が明らかになるなかで、多様なコミュニティビジネスが被災地・被災者に向き合った取り組みを進めるなかで、多様な公共的課題が提起されていることに希望を見出していることがうかがえる。また、県立病院の再建問題では、病床数削減を中心とする県の再建方針に批判的見方を示す一方、住民運動に対しても病院との「協調」を提起している。このことは、著者が住民自治を重視し、住民の主体的な取り組みこそが住民本位の復興につながることを重視していることを示したものと考えられる。また、漁業の再建について、漁協の基本から地域ぐるみ、県全体で議論すべきという著者の主張も住民自治の重視の視点において一貫したものであると評価できる。

三　東日本大震災からの復興における岩手の自治体行財政

第二部の内容を簡潔に紹介する。

第六章「市町村の震災対応財政―二〇一一・二〇一二年度を中心に」では、復興財政に関する先行研究の検討および東日本大震災において国が講じた新たな財政措置を整理し、それらを踏まえて、岩手沿岸一二市町村の震災対応財政を分析している。特に陸前高田市および宮古市のケースを詳しく分析したうえで、震災対応財政の課題を整理している。そこでは、岩手沿岸市町村の災害対応財政が復興交付金、復興特別交付税、復興基金などの国の財政措置によって財源保障されている姿が描かれ、災害対策財政の到達点として評価される。その一方で、復興基金の規模の不十分さや被災者生活再建支援の不十分さを指摘するとともに、国の財政措置の継続・拡充の必要性や財政措置の改良の重要性を主張している。また、被災地においても震災対応財政の効率性、有効性が強く問われていると指摘している。

第七章「市町村の行政運営と職員不足問題」では、先行研究において十分な検討がなされていない市町村の行政運営と職員不足の実態を詳細に分析している。岩手沿岸市町村の職員不足に対して派遣職員は確かに多大な貢献をしているものの、それでも不足しており、膨大な業務量のなかで個別の様々な対応が求められるだけでなく、スピードアップへのプレッシャーやメンタル問題も深刻であることなどが指摘されている。著者は、復興の「遅れ」の意味を明確にせずに自治体を批判し、スピードを強調するのは無理があるとし、職員不足による限界などのさまざまな問題とともに、住民ニーズの把握や丁寧な協議の重要性や質の確保の重要性を指摘する。また、分析を踏まえて、著者は、全国の自治体が連携し、人的支援システムを構築するなど、職員不足問題への新たな取り組みを提起している。

第八章「県の震災対応行財政―二〇一一～一三年度を中心に」では、岩手県の震災対応財政を詳細に分析し、復興交付金、復興基金、復興関連基金および震災復興特別交付税を財源とした、「なりわい」の再生、「暮らしの再建」、鉄道の復旧・復興などの事業の状況を明らかにするとともに、入札不調や自治体職員不足対策についても検討している。そのうえで、県財政の積極的な役割として、①市町村と並ぶ事業主体としての役割、②国等に対する要望、国・市町村および関係機関等との調整、③市町村の行財政運営に対する支援、の三つを指摘している。また、県の役割に伴って、生業再生、生活再建、および社会資本の復旧復興に対する具体的課題を提起している。

以上、第二部の各章を紹介したが、特に市町村職員の不足問題や県財政に焦点を当てた分析は貴重である。市町村職員の不足問題の分析は、市町村行政に踏み込んだ調査をもとに、行財政運営（マネジメント）の側面からの組織的、技術的な問題点を明らかにすることにより、実践的な示唆を与える点で優れている。また、岩手県行財政の分析では、震災対応において、県の「広域」、「補完」、「調整」などの機能が高度に発揮されたことが明らかにされており、災害時のみならず、平時における府県の役割を考えるうえで有益である。

四　震災復興研究にかかわるいくつかのコメント

本書は多くの問題提起を行っているが、なかでも気になる点についていくつかコメントを行い、評者の役割を果たしたい。

第一に、本書の震災研究における理論的貢献は何かという点である。本書は岩手における東日本大震災における緊急対応・復旧・復興における行財政や経済社会の実態と課題を明らかにするという点では、重要な貢献をなしており、さらに先行研究への批判的検討や方法論上の問題提起に富んでおり、それらから読者が震災研究を理論的に発展させるための示唆が得られるものと考えられる。ただし、本書は中間報告と位置づけられているように、震災研究の理論的発展についてまとまった展開までは行っておらず、今後の課題であるといえよう。

第二に、復興行財政・経済社会の課題を明らかにするには、著者の言うように個別性と総合性を融合した分析が重要であろう。ただし、そのためには個別テーマとして分析すべき課題は多岐に渡るが、本書で十分に取り上げられなかったものも多い。特に、災害救助法に関わる分析、震災廃棄物問題の分析、被災事業所の復旧・復興問題とグループ補助金等の分析、福祉・教育問題の分析などは重要であろう。とはいえ、これらの研究課題は著者のみに求めるべきではなく、広く震災研究を行う研究者や研究者間の共同研究の課題でもあろう。

第三に、復興のまちづくりの評価である。住民主体・地域主体のみならず、地域の持続可能性という観点を含め、嵩上げ、集団移転、災害公営住宅等を含む復興のまちづくりを分析・評価し、持続可能な地域への実践的な課題を明らかにすることは今後の大きな課題であろう。

第四に、市町村の対応の違いよりむしろ、県の震災対応によって大きな差異が生じるという問題提起である。このこと自体は重要な問題提起であり、被災市町村と国との間の調整や市町村支援等において県の役割が重要であることに異論はない。ただし、県の対応による差異を強調するのであれば、たとえば岩手県と宮城県の対応について、より詳細に比較分析する必要がある。本書では岩手県と宮城県の対応の比較分析は一部にとどまっており、より包括的な比較分析がほしいところである。

第五に、震災対応財政の分析には市町村行財政の実態を重視する必要があるが、特定の被災市町村に即した総合的な行財政分析・経済社会分析があると、より包括的な実態や課題把握になるのではないか。陸前高田市や宮古市の財政分析や漁業・県立病院などの個別分析はあるが、一つの市町村の経済・社会・行財政のトータルな分析が欲しいところである。

以上のように、本書は中間報告であるため、今後深めるべき論点が多々あるとおもわれるが、それにも関わらず本書は震災復興研究における優れた貢献であることを再度指摘したい。特に臨場感あふれる現場からの報告や課題整理は、震災復興研究を志す者にとって絶えず参照されるべきものと言える。是非とも一読を薦めるものである。

〔本書は、クリエイツかもがわ、二〇一六年刊
定価（本体二八〇〇円＋税）〕

V　学会記事

◇日本地方自治学会　学会記事

一　二〇一五年度の研究会が一一月七日（土）と八日（日）の両日、明治大学駿河台キャンパスで開催された。研究会の概要は以下のとおりである。

㈠　日韓交流セッション（一一月七日）

「韓国における自治体公務員の退職管理」　権　慶得（鮮文大学）

李　朱祐（鮮文大学）

権　寧周（ソウル市立大学）

「地方自治体における人事管理制度の現状と課題」

入江容子（愛知大学）

司会　牛山久仁彦（明治大学）

㈡　研究会（共通論題①　一一月七日）

テーマ「地方創造と自治体」

『「地方創生」と農山村』　坂本　誠（NPO法人ローカル・グランドデザイン）

「地方創生と自治体間連携」　本多滝夫（龍谷大学）

「公共施設の維持管理と財政」　宮崎雅人（埼玉大学）

コメンテーター　武藤博己（法政大学）

司会　榊原秀訓（南山大学）

㈢　分科会（一一月八日）

分科会①

テーマ「自治体公務労働の環境変化」

「非正規公務員」　上林陽治（地方自治総合研究所）

「地方公務員法上の人事評価制度の検討課題―国家公務員法及び私企業労働法との対比に重点を置いた平成二六年改正法の検討」　川田琢之（筑波大学）

「地方公共団体公務員の権利・義務の変容―大阪の条例を中心に」　山下竜一（北海道大学）

コメンテーター　晴山一穂（専修大学）

司会　磯崎初仁（中央大学）

分科会②

テーマ「高齢者福祉の制度と動態」

「高齢者の社会的孤立と自治体施策の方向性」　河合克義（明治学院大学）

「介護サービスの供給体制論―『地域包括ケアシステム』を踏まえて」　豊島明子（南山大学）

「高齢者の生活保障施策の動向と行財政」　田中きよむ（高知大学）

コメンテーター　今里佳奈子（龍谷大学）

司会　村上祐介（東京大学）

分科会③

テーマ「公募セッション（自由論題）」

「地域の独自性の保全と全国一律規制―建築基準法とその運用実態から考察する」

山下寛英（愛媛大学）

「議会活動の実態を知るためには～町村議会実態調査からわかること・わからないこと」

田口一博（新潟大学）

「自治体政府の区域と能力」

山岸絵美理（明治大学）

「地方議員の選挙公約の一致度分析」

長谷川武三（慶應義塾大学）

コメンテーター

野呂　充（大阪大学）

小原隆二（早稲田大学）

司会

長内祐樹（金沢大学）

㈣　研究会（共通論題②　一一月八日）

テーマ「『大阪都』構想と自治の変容」

「『大阪都＝大阪市廃止分割構想』―制度『改革』と攻撃型ポピュリズム」

村上　弘（立命館大学）

「住民投票の経緯とその後」

梶　哲教（大阪学院大学）

「政治と市民社会の新しい対抗軸」

冨田宏治（関西学院大学）

コメンテーター

宮本憲一（大阪市立大学・滋賀大学名誉教授）

司会

森　裕之（立命館大学）

二　総会

二〇一五年度総会が一一月七日（土）に明治大学駿河台キャンパスで開催され、決算、会計監査、予算について報告がなされ、いずれも原案通り承認された。

◇日本地方自治学会　年報「論文」「ノート」公募要領

日本地方自治学会年報編集委員会
二〇〇六年一一月一一日総会にて承認

日本地方自治学会では、学会創立二〇周年を記念して、年報・地方自治叢書第二〇号（二〇〇七年一〇月刊）から、『年報』という発表の場を広く会員に開放することと致しました。叢書の総頁数の関係で、「論文」「ノート」は最大三本までの掲載に限られますが、このことにより、学際的な本学会の特徴をより明確にし、年報の充実により、多角的な視点による地方自治研究の水準をさらに引き上げていきたいと考えます。

つきましては、以下の要領にて「論文」「ノート」を公募しますので、積極的にご応募ください。

一　応募資格

毎年一一月末日現在での全ての個人会員（一度掲載された方は、その後二年間応募をご遠慮いただくこととします）。

二　テーマ・内容

地方自治をテーマにしていれば、内容は応募者の自由としますが、日本語で書かれた未発表のもの

（他の雑誌等に現在投稿中のものは応募できません）とし、「論文」または「ノート」のいずれか一点に限ります。

「論文」は、知見の新しさなどを求める学術論文を対象とし、「ノート」は、研究の中間段階でありながら一定のまとまりを持つものや学術的関心に支えられた行政実務についての論述など、地方自治研究を刺激することが期待されるものを対象とします。

三　原稿枚数

「論文」については、二四、〇〇〇字（四〇〇字詰原稿用紙六〇枚）以内、「ノート」については、一二、〇〇〇字以上一六、〇〇〇字未満（四〇〇字詰原稿用紙三〇枚以上四〇枚）以内とします。字数には、表題・図表・注・文献リストを含みます。

四　応募から掲載までの手続き

①　意思表示

応募者は、一二月中（地方自治叢書三一号分は二〇一七年一二月三一日（日）まで）に、原稿のプロポーザル（A四、一頁、一、二〇〇字程度）を、「封書」で、表に「日本地方自治学会論文・ノート応募」と明記の上、下記日本地方自治学会年報編集委員会委員長宛にお送りください。

プロポーザルには、何をいかなるアプローチで明らかにしようとするのか、内容のおおよその構成とその素材について説明してください。「論文」と「ノート」のどちらでの掲載を希望しているのかについても明記してください。

プロポーザルと実際の応募原稿の内容が大幅に異なる場合には、原稿を受理致しません。応募の意思表示をされた方には、プロポーザル受理の通知とともに、応募件数の状況、執筆要領をお送りします。

・プロポーザル送付先

〒二三六―〇〇二七　神奈川県横浜市金沢区瀬戸二二―二　横浜市立大学国際総合科学部

廣田全男

② 応募原稿の締め切り期日

翌年の三月中旬（地方自治叢書三二号分は二〇一九年三月一五日（金））必着とします。上記日本地方自治学会年報編集委員会委員長宛に、執筆要領に従った完全原稿とそのコピー一部、計二部を、郵便か宅配便でお送りください。それ以外の方法では受け取りません。

③ 応募者の匿名性確保のための作業

三月下旬に、年報編集委員会が、査読に当って応募者を判らないようにするため、応募「論文」「ノート」の一部について、必要最小限のマスキング（黒塗り）を施すことがあります。応募にあたっては、このマスキングがなされても、論旨を損わないよう、引用・注等に配慮した執筆をお願いします。

④ 審査方法

四月に入ると、年報編集委員会が、応募のあった「論文」「ノート」各一編につき、匿名で、三名のレフェリー（査読者）を委嘱し、およそ、一ヶ月間、審査をお願いし、その審査結果をもとに、掲載の可否を決定します。

三名のレフェリーのうち、二名以上が掲載可と判定した場合は、掲載できるとの原則で運用します。

しかし、年報への掲載可能本数は「論文」「ノート」あわせて、最大三本と見込まれるため、場合によっては、次年度号への掲載となる場合があります。

⑤　審査基準

「論文」については、主題の明晰さ、命題・事実・方法などにおける知見の新しさなどを基準とし、地方自治学会年報に掲載する学術論文としての適切さを審査します。査読結果によって、掲載可となる場合でも、「論文」ではなく、「ノート」として掲載可となることもあります。また、掲載の条件として修正が求められた場合には、再査読が行われます。

「ノート」については、論述が整理されていること、調査研究を刺激する可能性のあることなどを基準とし、提出された時点での完成度について、地方自治学会年報に掲載する「ノート」としての適切さを審査します。

但し、年報への掲載可能本数が「論文」「ノート」あわせて、最大三本であるため、掲載にあたっては「論文」を優先し、「掲載可」とされた「ノート」であっても、年報編集委員会がレフェリーによる相対評価に基づいて優先順位をつけ、順位の低い「ノート」の掲載を次年度号に送る判断をすることがあります。

また、掲載の条件として修正が求められた場合には、再査読が行われます。

⑥　掲載可となった原稿の提出

早ければ六月初旬、再査読が必要になった場合でも、七月初旬には、年報編集委員会から応募者に対して、掲載の可否についての最終の連絡をします。

掲載否の場合は、レフェリーの判断を年報編集委員会にて取りまとめたうえ、応募者に文書にて通知します。

掲載可の場合は、年報編集委員会からの通知を受けて、七月末日までに、日本地方自治学会年報編集委員会委員長宛に、完全原稿一部とその電子情報をフロッピーディスクもしくは添付ファイルにて提出してください。

⑦　校正等

年報は、一〇月下旬までの刊行を目指しますが、その間に、著者校正を二回程度お願いします。

五　その他

公募論文の年報への掲載に際しては、年報編集委員会による簡単な応募状況などの報告のみを付します。

以上

編集後記

二〇一五年度日本地方自治学会総会・研究大会は、二〇一五年一一月七日・八日に明治大学駿河台キャンパスにおいて開催されました。研究大会では、隔年開催の日韓交流セッションにおいて二本の研究報告が行われたほか、共通論題の研究会二つ、分科会三つにおいて合計一六本の報告が行われました。編者の不手際により、本号の刊行に漕ぎ着けるまで時間をかけてしまいました。皆様に心よりお詫び申し上げます。

本号のタイトルは、共通論題の一つをとって「地方創生と自治体」としました。人口減少期に突入した日本社会は、都市部の急激な高齢化、地方の過疎化、若年層の東京圏集中など深刻な諸問題に直面しています。政府は「地方創生」政策、「連携中枢都市圏」構想などの対策を打ち出しましたが、東京一極集中、地方の疲弊を克服する処方箋たり得ているかが問われています。

最後になりますが、敬文堂の竹内基雄社長には、本号の刊行にあたり一方ならないサポートをいただきました。心より感謝申し上げます。

（廣田全男）

地方創生と自治体 〈地方自治叢書29〉

2018年11月15日　初版発行

定価はカバーに表示してあります

編　者　日本地方自治学会
発行者　竹　内　基　雄
発行所　㈱　敬　文　堂

東京都新宿区早稲田鶴巻町538
電話　(03) 3203-6161（代）
FAX　(03) 3204-0161
振替　00130-0-23737
http://www.keibundo.com

印刷／信毎書籍印刷株式会社　製本／有限会社高地製本所
©2018　日本地方自治学会
ISBN978-4-7670-0226-2　C 3331

〈日本地方自治学会年報〉既刊本

地方自治叢書〈1〉
転換期の地方自治

本体二四〇〇円

日本地方自治学会の設立に当たり柴田徳衛／地方自治論の課題と展望兼子仁／現代社会と地方自治宮本憲一／地方自治史研究の成果と課題大石嘉一郎／行政学の立場から寄本勝美／社会学の立場から似田貝香門／転換期のアメリカ政府間関係新藤宗幸／転換期の地方自治戒能通厚／西ドイツにおける地方自治伊東弘文／町づくりにおける住民参加の歴史的経過をたどって片方信也／転換期の意味と主体の問題矢澤修次郎／イギリス地方税改革と地方自治の再編北村裕明／アメリカの市民参加寄本勝美／公共性の現代的展開似田貝香門／「東京の行政と政治」研究ノート佐々木信夫／書評

地方自治叢書〈2〉
日本地方自治の回顧と展望

本体三〇〇〇円

戦後地方自治雑考阿利莫二／私と地方自治杉村敏正／明治地方自治の国際的性格山田公平／都市自治一〇〇年における関一芝村篤樹／昭和期における府県制度改革天川晃／地方自治の継受と公益事業制策について今井清一／日本の地方自治の「独自性」宮本憲一／戦後日本政治分析における多元主義理論と中央地方関係佐藤俊一／八〇年代の不動産資本・土地市場の動向と都市の変貌宮野雄一／岐路にたつ都市社会運動吉原直樹／イタリアの都市自治と住民参加宗田好史／台湾の地方財政川瀬光義／韓国における住民参加制度について鄭相干／タイの地方自治と住民参加橋本卓／書評

地方自治叢書〈3〉
広域行政と府県

本体二六二二円

地方自治と私足立忠夫／「行革」・広域行政と府県都丸泰助／府県と自治体連合の可能性鳴海正泰／農山村地域と広域行政保母武彦／都市計画の立場からみた都道府県と広域行政石田頼房／自治的広域行政機構の条件岩崎美紀子／福祉行政事務の地方移譲の法的問題点芝池義一／イギリス地方税制改革の基本的枠組星野泉／フランスにおける地方債の自由化青木宗明／ニュージーランドにおける政府間関係の動向藤井浩司／都市ポランタリズムとコミュニティ渡戸一郎／書評

地方自治叢書〈4〉
世界都市と地方自治

本体二九一三円

私と地方自治柴田徳衛／世界都市の挑戦K・タブ（横田茂訳）／英国地方税制の改革と地方団体の反発竹下譲／「世界都市・TOKYO」の特質とその構造的矛盾寺西俊一／都市の産業構造からみた世界都市論青木圭介／世界都市の理論化と問題点中邨章／新しい中央地方関係論へ笠京子／補助金と地方自治鶴田廣巳／地方自治と住民参加鵜飼照喜／タイにおける過疎農村地域開発と地方政府の役割M・サングスカル（小池治訳）／人口過疎地域における地方自治体の役割と機能E・パディラ（中村・小池・中邨訳）

地方自治叢書〈5〉
条例と地方自治

本体二七一八円

学会誌第五号の発行にあたって佐藤竺／私と地方自治加藤一明／研究会「条例と地方自治」のまとめ兼子仁／地方自治の展開と条例の諸傾向吉田善明／まちづくりと条例三橋良士明／都市憲章条例への期待富野暉一郎／自治体条例論をめぐる枠組みの再検討五十嵐敬喜／自治体における選択基準の実際江口清三郎／自治体財政における公会計システムについて兼村高文／選挙区割における地方性重視の可能性小林幸夫／真鶴町まちづくり条例論五十嵐敬喜／韓国の民主化と地方自治盧隆熙／日・韓地方自治比較の問題点山田公平／書評

地方自治叢書〈6〉
地域開発と地方自治
本体二七一八円

全国総合開発計画三〇年を検討する**宮本憲一**／自治の思考の転換**河中二講**／「持続する発展」をもとめて**宮本憲一**／リゾート開発と地方自治**今里滋**／地域開発と地方自治**渡名喜庸安**／地域環境時代の地域開発と地方自治**中村剛治郎**／グローバル・リストラと地域開発**佐々木雅幸**／孫文の建国構想における地方自治と台湾の地方行財政**川瀬光義**／三新法体制における参加と統制の制度構造**小原隆治**／住民自治の歴史的展開**玉野和志**／都市再開発とネイバーフッド・リバイタリゼイション**白石克孝**／書評

地方自治叢書〈7〉
都市計画と地方自治
本体二七一八円

第七巻発刊にあたって**宮本憲一**／私と地方自治**横山桂次**／わが国都市計画の新次元への挑戦**三村浩史**／改正都市計画法―行政手続法―開発指導**鈴木庸夫**／都市計画のマスタープランとまちづくりの課題**片方信也**／合衆国の都市改造の経験とその教訓**遠州尋美**／一九九二年都市計画法、建築基準法改正に寄せて**北原鉄也**／都市環境形成の課題**安木典夫**／まちづくりにおける自治会・企業・支所の役割**今川晃**／わが国の都市計画行政と市町村マスタープランの創設**丸山康人**／発展途上国における地方分権化**山崎圭一**／ポスト福祉国家と新都市社会学の展開**西山八重子**／書評

地方自治叢書〈8〉
現代の分権化
本体二七一八円

学会誌第八巻の発刊に当たって**室井力**／私と地方自治**佐藤竺**／現代地方分権論の文脈**加茂利男**／立法学からみた地方分権推進法**五十嵐敬喜**／地方分権と税財政制度改革**遠藤宏一**／地方分権―五つの関心**水口憲人**／討論「社会福祉分野からのコメント」**武田宏**／戦時・占領期における集権体制の変容**市川喜崇**／伊勢湾沿岸域開発と地方自治**鈴木誠**／地方政府再編に関する一考察**牛山久仁彦**／フランス州財政の諸問題**中西一**／外国人居住者と日本の地域社会**田嶋淳子**／都心居住にみる自治体の施策と課題**市川宏雄**／書評

地方自治叢書〈9〉
行政手続法と地方自治
本体二七〇〇円

私と地方自治**吉岡健次**／行政手続法と地方自治**本多滝夫**／行政手続法と地方自治**今村都南雄**／行政手続法と地方自治**塩崎賢明**／報告に対するコメント**見上崇洋**／水資源開発と地方自治**小森治夫**／韓国における工業団地開発と都市財政**鄭徳秀**／書評

地方自治叢書〈10〉
機関委任事務と地方自治
本体二八〇〇円

私と地方自治**宮本憲一**／「機関委任事務」法論と地方自治**白藤博行**／機関委任事務廃止の意味**辻山幸宣**／機関委任事務と財政改革**坂本忠次**／社会セクター台頭の意味と可能性**白石克孝**／地方分権と地方財源**星野泉**／英国労働党政権の新地方自治政策**横田光雄**／書評

地方自治叢書〈11〉
戦後地方自治の歩みと課題
本体二九〇〇円

地方自治と私室井力／地方自治改革の軌跡と課題山田公平／分権的税財源システムの課題伊東弘文／戦後地方自治と革新自治体論鳴海正泰／震災復興と自治体財政高山新／英国の地方財政制度稲沢克祐／サンフランシスコにおけるアフォーダブル住宅五嶋陽子／書評

地方自治叢書〈12〉
介護保険と地方自治
本体二八〇〇円

私と地方自治研究大石嘉一郎／介護保険と市町村の役割池田省三／介護保険と地方財政横山純一／鷹巣町の福祉岩川徹／コミュニティ・ソリューションと市民・ＮＰＯ日詰一幸／都市と農山村の連携におけるＮＰＯの役割松井真理子／福祉改革・地方分権改革の中の生活保護行政木原佳奈子／広域連合制度の特質とその活用方途原田晃樹／書評

地方自治叢書〈13〉
公共事業と地方自治
本体二八〇〇円

地方財政危機と公共事業関野満夫／公共事業と地方自治晴山一穂／公共事業の分権武藤博己／地方分権一括法以後の地方自治辻山幸宣／韓国の地方分権の推進状況と課題崔昌浩／パラダイムの転換竹下譲／書評

地方自治叢書〈14〉
分権改革と自治の空間
本体二九〇〇円

私と地方自治石田頼房／分権改革水口憲人／環境行政における中央・地方の役割分担と協力寄本勝美／地方分権改革と広域行政岩崎美紀子／地域社会の側から見た地方分権と広域行政富野暉一郎／高齢者保健福祉政策と市町村の公的責任水谷利亮／自治体財政とキャッシュ・フロー会計兼村高文／基地問題と沖縄の自治島袋純／韓国地方自治制度の歴史と現行制度に関する一考察李憲模／英国における「地方自治の現代化」森邊成一／書評

地方自治叢書〈15〉
どこまできたか地方自治改革
本体二八〇〇円

新世紀における三重のくにづくり北川正恭／地方分権改革と地方税制星野泉／分権時代の法環境久保茂樹／分権化の行政改革向井正治／議員提出条例から見た県議会改革小林清人／韓国における地方議会の現状と活性化策呉在一・朴恵子／英国の自治体経営改革の動向稲沢克祐／現代デモクラシーのなかの住民投票上田道明／書評

地方自治叢書〈16〉

自治制度の再編戦略

本体二八〇〇円

地方自治と私**兼子仁**／自治史のなかの平成合併**山田公平**／自治体再編と新たな自治制度**島田恵司**／基礎的自治体と広域的自治体再論**人見剛**／都市・農村共生型財政システムをめざして**重森曉**／「西尾私案」と地方自治**白藤博行**／市町村合併に伴う選挙区制度設置と自治体内自治組織論**今井照**／市町村合併の検討過程と住民自治**小林慶太郎**／地方公共事業とＰＦＩ**森裕之**／書評

地方自治叢書〈17〉

分権型社会の政治と自治

本体二八〇〇円

二元的代表制の再検討**駒林良則**／自治を担う議員の役割とその選出方法**江藤俊昭**／自治体の財政的自立と税源移譲**兼村高文**／「地域自治組織」と自治体の政治**今井照**／イングランドにおける広域自治体の再編**馬場健**／ＮＰＯと資金問題**松井真理子**／地方政治のニューウェイブ**今里佳奈子**／韓国の住民投票制度について**姜再鎬**／書評

地方自治叢書〈18〉

道州制と地方自治

本体二八〇〇円

地方自治と私**山田公平**／《対談》都道府県自治をめぐって**増田寛也・今村都南雄**／ 道州制と北海道開発予算の現状・課題**横山純一**／道州制の考え方**稲葉馨**／ 道州制・都道府県論の系譜**市川喜崇**／「地域自治区」の法的位相**妹尾克敏**／自治の本質と価値**黒木誉之**／書評

地方自治叢書〈19〉

自治体二層制と地方自治

本体二八〇〇円

地方自治制度改革のゆくえ**加茂利男**／風土の上にある自治**松本克夫**／新時代の基礎自治体**岩崎美紀子**／個別行政サービス改革としての三位一体改革**金井利之**／地方分権改革の検証**垣見隆禎**／都市計画関係法令と条例制定権**大田直史**／ブラジル参加型予算の意義と限界**山崎圭一**／カナダの州オンブズマン制度と地方自治体の関係**外山公美**／書評

地方自治叢書〈20〉

合意形成と地方自治

本体二八〇〇円

地方自治体の国政参加権再論**人見剛**／基地維持財政政策の変貌**川瀬光義**／スイスの住民参加と合意形成―住民投票の可能性と限界**岡本三彦**／住民投票の歴史的展開**鹿谷雄一**／コミュニティ政策の課題**玉野和志**／地域コミュニティの現在**家中茂**／書評

地方自治叢書〈21〉

格差是正と地方自治

本体二八〇〇円

自治体の格差と個性に関する一考察**山口道昭**／二〇〇〇年代「教育改革」と教育を受ける権利**竹内俊子**／「地域格差」と自治体の再生**岡田知弘**／福島県商業まちづくり推進条例と「まちづくり三法」**鈴木浩**／指導要綱の条例化と住民の意向の反映**内海麻利**／ドイツの市民参加の方法「プラーヌンクスツェレ」と日本での展開**篠藤明徳**／地方財政調整交付金制度創設に関する論議**中村稔彦**／書評

地方自治叢書〈22〉

変革の中の地方自治

本体二八〇〇円

地方自治と私**加茂利男**／道路論争**五十嵐敬喜**／自治体議会改革を考える**小林武**／国と普通地方公共団体との間の行政訴訟**寺洋平**／自治基本条例における住民自治の必要性**相澤直子**／アメリカの交通まちづくりと持続可能な都市交通経営**川勝健志**／市民によるマニフェスト評価**長野基**／書評

地方自治叢書〈23〉

第一次分権改革後一〇年の検証

本体二八〇〇円

地方分権の法改革**白藤博行**／自治体の再編と地域自治**今川晃**／三位一体改革の帰結と財源保障制度の将来像**武田公子**／農山漁村地域における自治体財政の実態と課題**桒田但馬**／韓国における分権化政策の評価と課題**呉在一**／書評

地方自治叢書〈24〉

「地域主権改革」と地方自治

本体二八〇〇円

あらためて問われる「地域主権」改革**今村都南雄**／「地域主権改革」と住民自治**人見剛**／創造都市と都市文化景観**佐々木雅幸**／イギリスにおける自治体外部監査の制度的特徴**長内祐樹**／分権改革と政府間関係**立岩信明**／イングランドにおけるリージョナリズムの変化**石見豊**／書評

地方自治叢書〈25〉

「新しい公共」とローカル・ガバナンス

本体二八〇〇円

新しい公共における政府・自治体とサード・セクターのパートナーシップ**原田晃樹**／イギリスのパートナーシップ型地域再生政策の評価―第三の道とビッグソサイエティ**金川幸司**／ローカル・ガバナンスにおける地方自治体の議会改革**新川達郎**／議会改革・議会内閣制・ボランティア議会と住民の役割**榊原秀訓**／東日本大震災復興の理念と現実**塩崎賢明**／「国保被排除層」の生活保護問題**藤井えりの**／書評

地方自治叢書〈26〉

参加・分権とガバナンス

本体三〇〇〇円

地方自治と私中邨章／住民参加から住民間協議へ島田恵司／都市内分権とコミュニティ横田茂／自治体改革と都市内分権・市民参加槌田洋／高齢者介護と地方自治体の課題横山純一／貧困・地域再生とローカル・ガバナンス山本隆／復興過程における住民自治のあり方をめぐって吉野英岐／沖縄県における跡地利用推進特措法の意義と課題林公則／書評

地方自治叢書〈27〉

基礎自治体と地方自治

本体二八〇〇円

基礎自治体における財源減少時期の予算制度改革稲沢克祐／基礎自治体の変容江藤俊昭／東日本大震災における木造応急仮設住宅供給の政策過程西田奈保子／アメリカのコミュニティ開発法人宗野隆俊／イギリスの「大きな社会」下におけるサード・セクター組織の多岐的対応清水洋行／基礎自治体における市民参加型「公開事業点検・評価」活動の研究長野基・牧瀬稔・廣瀬克哉／書評

地方自治叢書〈28〉

自治体行財政への参加と統制

本体二八〇〇円

協働と地方自治荒木昭次郎／住民監査請求の課題と到達点小澤久仁男／債権放棄議決と住民訴訟制度改革論大田直史／三号請求訴訟の新たな可能性杉原丈史／日本におけるコミュニティ予算制度の考察鈴木潔／ドイツにおける市民予算の特性宇野二朗／書評

（＊価格は税別です）